Co   Niño, Hugo
863.44   Primitivos relatos contados otra vez / Hugo Niño ;
          ilustraciones Henry González. -- Santafé de Bogotá :
          Panamericana, c1996.

                164 p. : il. -- (Literatura juvenil)

                ISBN 978-958-30-0365-3

                1. Mitología amazónica 2. Literatura juvenil colombiana
          I. tit. II. Niño, Hugo III. González, Henry, il.

Primitivos relatos

relatos

contados otra vez

Hugo Niño

Primitivos relatos
contados otra vez

Héroes y mitos amazónicos

Ilustraciones de Henry González

Editor
Panamericana Editorial Ltda.

Dirección editorial
Conrado Zuluaga

Asesor editorial
Gabriel Silva Rincón

Ilustraciones
Henry Javier González Torres

Diagramación
® Marca Registrada Diseño Gráfico Ltda.

Novena reimpresión, enero de 2009
Primera edición en Carlos Valencia Editores, 1979
Primera edición en Panamericana Editorial Ltda., abril de 1997

© Hugo Niño
© Panamericana Editorial Ltda.
Calle 12 No. 34-20, Tels.: (57 1) 3603077 - 2770100
Fax: (57 1) 2373805
Correo electrónico: panaedit@panamericana.com.co
www.panamericanaeditorial.com
Bogotá D. C., Colombia

ISBN 978-958-30-0365-3

Impreso por Panamericana Formas e Impresos S. A.
Calle 65 No. 95-28, Tels.: (57 1) 4302110 - 4300355
Fax: (57 1) 2763008
Bogotá D. C., Colombia
Quien sólo actúa como impresor.

Impreso en Colombia   Printed in Colombia

A ellos,
Jacinto Jaramillo,
Álvaro Torres
y demás sobrevivientes
de la entereza.

Contenido

Los ticunas
pueblan la tierra

Este es el mito, la historia de la creación, como quien
dice la explicación del origen del pueblo de los ticunas,
llamados pieles negras por sus vecinos, porque así es como adornan su cuerpo en las ceremonias a los dioses, a
los protectores del clan. Esta es la historia principal, la
palabra mágica de pronunciación sagrada, porque es la
mayor de las riquezas, según es narrada cuando, en las
ceremonias de la palabra, los viejos la enseñan a los más
jóvenes, para que sus memorias la conserven y más
tarde puedan enseñar su origen a los descendientes; así
ha sido desde los antepasados; que no se duda de la enseñanza del mito y nadie puede modificarlo por su deseo,
sino que sólo los sabios lo cambian o lo transforman.

Este es, pues, el mito, como se relata en la aldea de
Puerto Nariño, a la orilla izquierda del Amazonas, territorio de Colombia, donde ahora viven ticunas venidos de muchas partes.

Yuche vivía, desde siempre, solo en el mundo. En compañía de las perdices, los paujiles, los monos y los grillos había visto envejecer la tierra. A través de ellos se daba cuenta de que el mundo vivía y de que la vida era tiempo y el tiempo... muerte.

No existía en la tierra sitio más bello que aquel donde Yuche vivía: era una pequeña choza en un claro de la selva y muy cerca de un arroyo enmarcado en playas de arena fina. Todo era tibio allí; ni el calor ni la lluvia entorpecían la placidez de aquel lugar.

Dicen que nadie ha visto el sitio, pero todos los ticunas esperan ir allí algún día.

Una vez Yuche fue a bañarse al arroyo, como de costumbre. Llegó a la orilla y se introdujo en el agua poco a poco hasta que estuvo casi enteramente sumergido. Al lavarse la cara se inclinó hacia adelante mirándose en el espejo del agua; por primera vez notó que había envejecido.

El verse viejo le entristeció profundamente:

—Estoy ya viejo... y solo. ¡Oh !, si muero, la tierra quedará más sola todavía.

Apesadumbrado, despaciosamente emprendió el regreso a su choza.

El susurro de la selva y el canto de las aves lo embargaban ahora de infinita melancolía.

Yendo en camino sintió un dolor en la rodilla, como si lo hubiera picado algún insecto; no pudo darse cuenta, pero pensó que había podido ser una avispa. Comenzó a sentir que un pesado sopor lo invadía.

—Es raro como me siento. Me acostaré tan pronto llegue.

Siguió caminando con dificultad y al llegar a su choza se recostó, quedando dormido.

Tuvo un largo sueño. Soñó que mientras más soñaba, más se envejecía y más débil se ponía y que de su cuerpo agónico se proyectaban otros seres. Despertó muy tarde, al otro día. Quiso levantarse, pero el dolor se lo impidió. Entonces se miró la inflamada rodilla y notó que la piel se había vuelto transparente. Le pareció que algo en su interior se movía. Al acercar más los ojos vio con sorpresa que, allá en el fondo, dos minúsculos seres trabajaban; se puso a observarlos.

Las figurillas eran un hombre y una mujer: el hombre templaba un arco y la mujer tejía un chinchorro.

Intrigado, Yuche les preguntó:

—¿Quiénes son ustedes? ¿Cómo llegaron?

Los seres levantaron la cabeza, lo miraron, pero no respondieron y siguieron trabajando.

Al no obtener respuesta, hizo un máximo esfuerzo para ponerse de pie, pero cayó sobre la tierra. Al golpearse, la rodilla se reventó y de ella salieron los pequeños seres que empezaron a crecer rápidamente, mientras él moría.

Cuando terminaron de crecer, Yuche murió.

Los primeros ticunas se quedaron por algún tiempo allí, donde tuvieron varios hijos; pero más tarde se marcharon porque querían conocer más tierras y se perdieron.

Muchos ticunas han buscado aquel lugar, pero ninguno lo ha encontrado.

Yacu-Runa sale del agua

He aquí la leyenda del espanto de las aguas, Yacu-Runa, como se dice en la lengua de los quechuas. Esta es la leyenda, que no es mito porque no enseña sobre el origen, sino que es como cuento para enseñar la moral, para enseñar las leyes de la conducta a los hombres; por lo mismo la leyenda cambia y los enseñadores la adaptan, la reforman según sea lo que quieren instruir; y así, según la necesidad, la enseñan a los jóvenes en ceremonias más sencillas, porque a ellas sí pueden asistir todos los que quieren aprender, que generalmente es por la tarde, cuando el sol se va; y los que saben enseñan y los que aprenden preguntan.

Hela aquí, que así es como se forma la tradición, como se va formando también el cuento, la poesía, la literatura; porque el prestigio de los narradores y de los recitadores es grande, por su sabiduría. Entonces la leyenda se amplía y otros pueblos la hacen suya, porque no es creencia principal, sino enseñanza de conducta, defensa de la costumbre como se defiende aquí la familia.

He aquí la leyenda, como se cuenta en las tribus ticunas, en las tribus huitotas, como la cuentan también los cortadores de madera y los caucheros del Amazonas, como fue contada allá en Atacuari, entre Colombia y el Perú.

Cuando los hombres aparecieron, hacía mucho tiempo que la tierra estaba poblada de animales. Habitaban ya la superficie, el agua y el aire, de acuerdo con el orden dado por los creadores. En realidad, el hombre apareció muy tarde.

Para que los hombres aprendieran a organizarse en la tierra, se necesitó un tiempo muy largo. La tierra comenzó a hacerse estrecha y a medida que surgían los instrumentos, las herramientas, las técnicas, empezaron a surgir diferencias porque unos, más expertos, se hicieron ricos y más fuertes que otros.

Estas diferencias fueron el principio de muchos problemas. Para resolverlos fueron hechos ruegos durante largos años, a los manejadores de la tierra, sin obtener respuesta.

Para devolver el orden a los hombres, se designaron finalmente los sacerdotes y se asignó su lugar a cada clase de espíritus, los buenos y los malos. Uno de estos últimos fue Yacu-Runa, el gran delfín del Amazonas.

Dentro de los espíritus hay muchas clases, según su misión; inclusive unos que tienen forma y otros que no la tienen.

A Yacu-Runa le dieron la forma de un gran delfín, ordenándole surcar el río Amazonas en busca de pescadores o de lavanderas solitarias, para robarles el alma. Generalmente nada junto a otros delfines, disimulado entre ellos, que casi nunca advierten su presencia. Pero cuando se dan cuenta lo expulsan y a veces también lo golpean, porque los demás delfines son buenos.

Cuando atardece es cuando hay menos gente en el río; a esas horas los pescadores regresan a sus casas y en ocasiones algunos lo hacen solos; también es la hora en que las mujeres salen a lavar la ropa o a esperar el regreso de sus maridos.

Es cuando Yacu-Runa se separa del resto de la manada y comienza a acechar. Nada en todas las direcciones, con sigilo y atención, buscando una víctima.

A lo lejos viene un solitario pescador en su canoa; viene fatigado y espera descansar pronto en su hogar.

Yacu-Runa nada hacia la orilla, adelantándosele. Lo hace con sumo cuidado y bajo el agua, para que él no advierta su presencia y...

El hombre ve extrañado cómo allá en la orilla va emergiendo el cuerpo sinuoso de una bella mujer; su piel morena y pálida emana provocación; siente que su sonrisa lo envuelve extrañamente lujuriosa. Es un reto a la virilidad; como una proposición sin alternativa.

El hombre varía el rumbo de su embarcación; el remo entre sus manos hiere el agua, cortándola para llegar a ella. Yacu-Runa extiende plácidamente sus brazos hacia él; pérfidamente descubre la sensualidad de su piel absorbente, enceguecedora.

Algo muy similar al insomnio va sobrecogiendo al hombre a medida que hunde su mirada en ella; cae la bruma, cae el olvido. Después, sólo tarde y silencio. A la mañana siguiente, cuando la selva se pueble de voces y sonidos se verá descender una barca sin pescador y muchas bocas esparcirán la noticia de que Yacu-Runa salió otra vez.

Y una mujer en su choza llorará...

Chuya-Chaqui

Aquí viene la leyenda del pie-torcido, Chuya-Cha-qui, como también se nombra en la lengua quechua; la que en otras partes del Amazonas llaman Chuqui-Cha-qui y que, según se tiene noticia, es leyenda que se cuenta en tierras más lejanas, con diversos nombres, con diversas modificaciones, pues se dice que hay hombres de tanta astucia y coraje, que han derrotado las malas artes de Chuya-Chaqui, seduciéndolo con regalos de tabaco, que a él le gusta mucho.

Pues que la leyenda se va extendiendo, va cambiando de lugar, de gente y hasta de tiempo; pierde rigidez, como se dice y se va por otros caminos tan inesperados, que a veces ni los mismos narradores saben por qué ni cómo, sino que la cuentan así no más. Que es como se cuenta en Atacuari por los yaguas, los huitotos, para que los hombres aprendan los misterios de la selva, para que sean atentos, para que los niños no abandonen la aldea, cayendo en sus peligros. Aquí viene, pues.

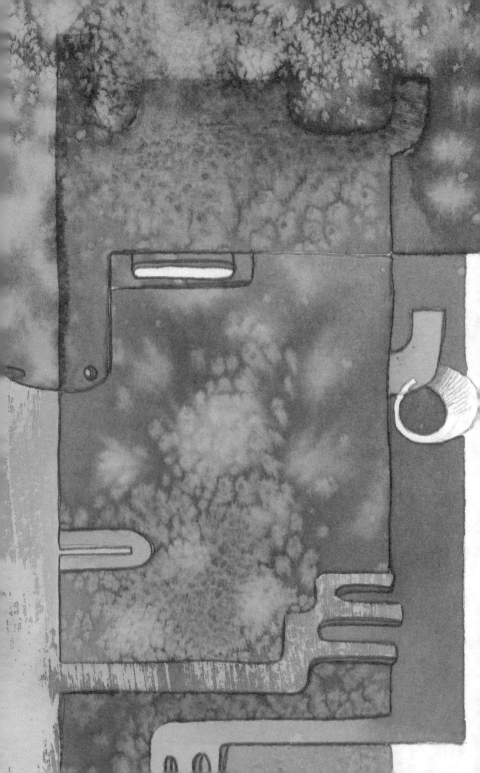

A la aldea de Ahuanari llegó un hombre a pedir albergue. Como era por la tarde sólo se encontraban las mujeres y los niños menores, pues los demás se hallaban fuera, unos trabajando en sus chagras y otros cazando.

La más vieja de las mujeres, que era la madre de Ahuanari, le brindó una totuma de muyá, el licor de yuca, diciéndole que esperara hasta la llegada de los cazadores.

Chuya-Chaqui —el hombre— se sentó sobre un tronco en la gran cocina donde trabajaban las mujeres. La construcción era descubierta a los lados y con techo de palma, a dos aguas.

Chuya-Chaqui miraba con mezcla de aburrimiento y curiosidad. Vio que dos de las mujeres se dirigieron a una choza pequeña y oscura en donde había un enorme recipiente de madera tallado en un tronco que contenía licor en fermentación, el muyá. Entre las dos habitaciones estaba la maloca, la vivienda comunal.

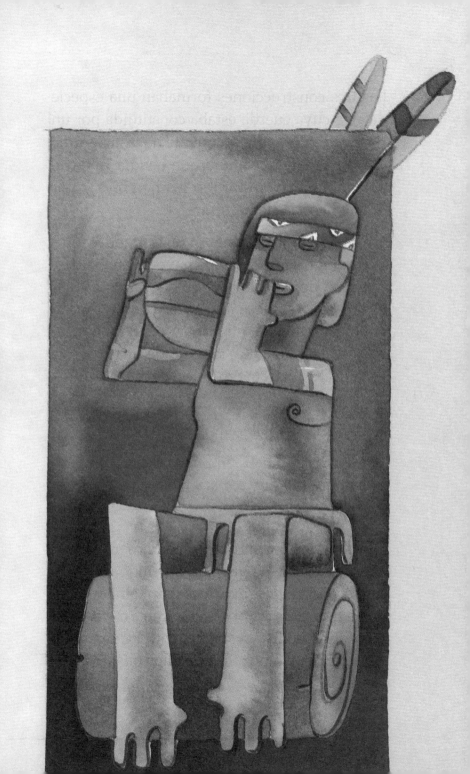

Las tres construcciones formaban una especie de arco cuya cuerda estaba constituida por un riachuelo. Un pequeño puente de troncos unía a la aldea con el camino que hendía la selva, por donde habían partido los hombres y por donde habrían de regresar.

Las dos mujeres llenaron unas grandes totumas y regresaron a la cocina; otra pareja descolgó un tipití con el que se dedicaron a colar el líquido. Observó mientras lo introducían por la garganta del instrumento, un tubo flexible tejido en caña lisa; luego cada una esperó a tirar de un extremo y poco después el jugo goteaba.

Una anciana habló:

—Prometieron traer buena carne; por eso preparamos el muyá, para recibirlos.

Chuya-Chaqui asintió.

—Así agradecemos y premiamos su esfuerzo. Al retornar, los que han obtenido caza avisan tocando el maguaré, ese gran tambor tallado en tronco de árbol que hay cerca de la aldea y nosotras salimos a su encuentro. Cuando no consiguen nada no avisan y ellos mismos buscan de beber. Ya no...

Chuya-Chaqui se había levantado y, simulando ir detrás de la maloca, desapareció por el camino de la selva.

Cayendo la tarde, Ahuanari se reunió con la mayoría de los hombres, para disponer el regreso. Antes deberían juntar las piezas obtenidas y distribuirlas en partes iguales para llevarlas de vuelta. Como habían matado una danta, tuvieron que despresarla; era tan grande, que fueron necesarios diez hombres para poder cargarla, una parte cada uno.

Con habilidad cortaron hojas de una pequeña palma de chambira y las fueron entrelazando hasta dar forma a bolsas en que guardaron la carne; luego cortaron bejucos, con los que fijaron los bultos a la espalda.

El cielo se oscureció, se oyeron algunos truenos y comenzó a lloviznar.

—Es mejor que regresemos o no podremos caminar bien con la lluvia. Los otros deben de estar ya con mi hermano Huatinga y los encontraremos por el camino o allá en nuestra casa —dijo Ahuanari.

Emprendieron la marcha, con Ahuanari a la cabeza. La lluvia había oscurecido la tarde y no se podía ver bien; al rato la tierra se puso lisa por el agua, por lo que a veces resbalaban, haciendo difícil cada paso.

Como a la mitad del camino, Ahuanari se sintió fatigado; supuso que sería por la carga y el camino resbaloso, por lo que pensó hacer un descanso más adelante creyendo que los demás se sentirían igual. Las voces de los caños, las aves, los saínos pisando las ramas, todo había desaparecido bajo los sonidos de la lluvia; Ahuanari ya no oía sino la lluvia cayendo sobre las hojas de los árboles, la lluvia cayendo sobre el agua de los caños, la lluvia cayendo sobre la lluvia que ya había caído, sólo lluvia cayendo, cuando se dio cuenta de que no reconocía el lugar por donde caminaban y de que era muy posible que se hubieran perdido. Tal vez sus compañeros también lo habían notado, porque caminaban en silencio y sus ojos se oscurecían de preocupación.

Casi no veían ni sentían nada; sólo oyendo la lluvia. Ahuanari se sentía triste al pensar en cuántas cosas estarían pensando los hombres y éstos se sentían tristes porque sabían lo que Ahuanari pensaba. Había pasado mucho tiempo y aunque cesara de llover, ya había oscure-

cido definitivamente y era seguro que el agua había borrado las señales del camino, por lo que de todas formas tendrían que esperar hasta el otro día para reorientarse. Este sería el mejor de los casos. "Ojalá a los otros no les haya pasado lo mismo", deseaban mientras caminaban, no solamente por la esperanza de llegar, sino por no abandonarse a la incertidumbre.

¡Tam, tam, tam!, se oyeron unos sonidos y pensaron que sería el maguaré. Entonces estarían cerca de la aldea y debía ser Huatinga que regresaba y lo tocaba para avisar a las mujeres. La esperanza regresó a ellos y se encaminaron rápidamente hacia donde se oían los sonidos. Una vez en el lugar sería fácil llegar a la aldea, que quedaba muy cerca. Pero caminaron bastante, de manera que ya debían haberlo encontrado, sin lograr nada.

¡Tam, tam!, sonó nuevamente el maguaré, esta vez en otra parte. Desconcertados pensaron que se habían extraviado nuevamente o que a causa de la lluvia habían oído mal; pero después de mucho caminar en la nueva dirección no encontraron nada.

¡Tam, tam...!, y nada más. Agobiado, Ahuanari decidió gritar llamando a su hermano:

—Huatinga, Huatingaaa...

—( )

—Huat tingaah... ah... ah.

La lluvia no cesó sino hasta cuatro días después, durante los cuales las mujeres estuvieron vigilantes, esperando oír el maguaré que anunciaría la llegada de los hombres.

Triste, la madre de Ahuanari pensó en Chuya-Chaqui y también en el caminante de varias tardes antes; pero al mirar en torno sus ojos no lo vieron. Nunca regresaron.

Peta Nanayae, el combate del sueño y la palabra

Ahora sigue el rito, el sacrificio de la purificación, según las leyes ticunas.

Aunque por mandato que viene de los antiguos, es prueba a que debe someterse la mujer cuando llega a la pubertad, para poder ser tomada en matrimonio.

Pues que el rito es la ceremonia, la celebración de los acontecimientos importantes; que el sacrificio es la ofrenda que no puede ser sustituida, como la mujer es ofrendada para lograr su propia pureza.

Cuando los primeros hombres poblaron la tierra, aquellos que hablaban la misma lengua, tenían las mismas creencias y leyes, formaron cada nación; y las naciones con historia, con lengua parecida, integraron familias de naciones como la gran familia arahuaca a la que pertenecen los ticunas. Porque esto es nación, no territorio, geografía, pues la geografía ticuna está a orillas del Amazonas y pasa por el Perú, por Colombia y el Brasil, pero forman una misma nación.

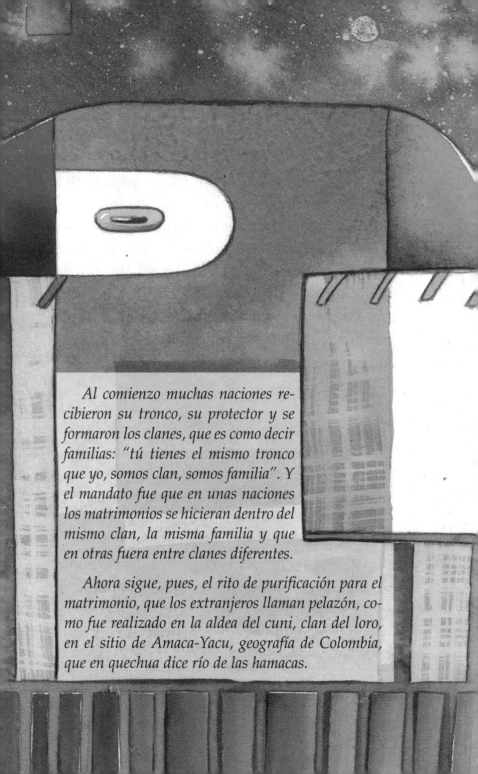

Al comienzo muchas naciones recibieron su tronco, su protector y se formaron los clanes, que es como decir familias: "tú tienes el mismo tronco que yo, somos clan, somos familia". Y el mandato fue que en unas naciones los matrimonios se hicieran dentro del mismo clan, la misma familia y que en otras fuera entre clanes diferentes.

Ahora sigue, pues, el rito de purificación para el matrimonio, que los extranjeros llaman pelazón, como fue realizado en la aldea del cuni, clan del loro, en el sitio de Amaca-Yacu, geografía de Colombia, que en quechua dice río de las hamacas.

Río abajo de Leticia, en aguas del Brasil, se encuentra Mari-Asú, así llamada antaño por los guaraníes debido a la mansedumbre de sus aguas. Por allí pasó hace poco un emisario del clan del loro; había navegado durante dos días, desde Amaca-Yacu, por lo que se encontraba muy fatigado. Llegando a la orilla, preguntó a los que se acercaban a recibirlo:

—¿Agacú, vuestro jefe?

—No está, viajero. Salió con su mujer para la chagra a ver de su cultivo. Ven a la aldea y descansa mientras lo esperas.

—Gracias. Dime si demora; debo continuar mi viaje.

—Regresa esta misma tarde —dijo otro hombre, detrás de los demás—. ¿Quieres atracar la barca y descansar? —levantándose sobre la proa del bote, reconoció el rostro del hermano de su mujer.

—¡Qué gozo verte! —le respondió.

—Ven a comer a mi casa y me cuentas de nuestra gente allá, en Amaca-Yacu.

Los dos hombres subieron la pequeña cuesta del embarcadero, mientras otros tiraban de la canoa para sacarla del agua y vararla en la playa. Esta es tarea que deben realizar los mismos navegantes; pero como el hombre se notaba muy cansado y parecía traer un mensaje importante para el jefe, agacú, llamado también curaca, ellos lo reemplazaron.

El viajero observó que Mari-Asú, la aldea de los hombres macacos, era una de las más transformadas de la nación ticuna: los pobladores vivían en chozas individuales, en lugar de la maloca comunal; asimismo sabía que algunos habían abandonado su trabajo en la chagra o en el río, para dedicarse a servir a otros nuevos señores de la tierra. "Si alguna vez vuelvo, Mari-Asú ya no será más ticuna", pensó y ese pensamiento le produjo pesar. "Cada vez somos menos; cuando no se muere el cuerpo, se muere el espíritu".

Caminaron como cien pasos por el sendero principal orientado de este a oeste, sobre la margen izquierda del río; a cada lado se levantaban las construcciones sobre pilotes, para evitar el agua cuando el río creciera. Las más distantes de la orilla eran de piso en tierra; en su mayoría sin paredes y con columnas de guadua o guamo, se separaban una de otra varios palmos de distancia, a veces varias brazas. "Por lo menos todavía las techan con palmera", vio.

Doblaron a la izquierda y luego de pasar frente a dos chozas, entraron. Se recostaron frente a frente, sobre dos chinchorros guindados del zarzo. Durante un rato sólo hubo las sonrisas iniciales, que intercambió el viajero con la mujer del otro, a manera de saludo. Con una pierna colgando, comenzó a mecerse levemente con la punta del pie, para refrescarse.

Unos momentos más tarde, la mujer tomó una fruta como melón, de corteza dura y la quebró en dos; el cupu-asú, la fruta de agua, dejó ver en su interior dulces copitos de algodón que flotaban en un fresco líquido. Ella ofreció una parte a cada hombre, quienes bebieron su contenido en pocos sorbos.

—He venido para avisar que habrá una iniciación en la próxima luna llena —dijo al rato.

—¿A quiénes invitan de aquí? —preguntó el otro hombre.

—Al curaca y a ti.

—¡Ah! Gracias; yo quiero asistir. ¿Tú te vuelves pronto?

—No. Debo descender hasta Alyubarota, para avisarles a ellos también. Quiero irme tan pronto hable con el curaca, agacú.

—Es una navegación dura, en tan corto tiempo —observó el otro.

—Sólo me cansaré un poco; a ti te parece muy duro porque ya has perdido la costumbre —respondió el visitante con algo de reproche en su voz, agregando:

—¿Crees que no regresará muy tarde?

—¿El curaca? Volverá antes de que termine de atardecer, porque tiene un hijito enfermo. ¿Puedo ofrecerte algo para el viaje?

—Necesito un poco de mandioca y miel.

—Yo te los daré. Si viajas de noche es seguro que vas a sentir frío y también te daré una camisa.

—Debiste conseguirla en Leticia; yo también estuve allá una vez —le interrumpió—; no quiero la camisa; no quiero que la piel se me ablande. Me abrigo con mi manta de corteza, con mi tururí.

El otro hombre no respondió e, incorporándose, se dirigió a donde su mujer que, acurrucada frente a un fogón fuera de la choza, calentaba agua. Le pidió que alistara la miel y la mandioca, la harina de yuca.

Con despreocupación dirigió su mirada hacia el oeste y observó lo que a esa hora de la tarde observan todos los ojos del Amazonas: más allá del río, sobre la línea interminablemente verde del horizonte, caía pesadamente una enorme bola de fuego cuyo color y cuya forma se iban definiendo y haciendo más intensos, a medida que descendía. Como una revelación, el día comenzaba a marcharse de aquel lugar del universo. Todo: las nubes, el aire, el agua, la vegetación, todo se enrojeció.

—Ya viene el curaca. ¿Pasarás por aquí dentro de unos tres días? —gritó dirigiéndose al emisario.

—Por la mañana.

—Entonces te espero. Creo que de Alyu-barota mandarán a alguien que te ayude a remar, por lo menos hasta aquí y de aquí en adelante te ayudaré yo; llegaremos a Amaca-Yacu aunque sea un día antes del plenilunio.

—Bueno —y fue a hablar con el curaca, agacú, el jefe, que se acercaba por el norte de regreso de la chagra.

Cuando el sol se incrustó definitivamente en la selva, el viajero ya navegaba dejándose arrastrar por la corriente del Amazonas.

Tres días después estaba de regreso en Mari-Asú; como en su paso anterior, calmó la sed con cupu-asú en la misma casa; pero esta vez no se demoró.

El día anterior había partido una embarca-ción con un grupo que quiso asistir por su pro-pia iniciativa.

Los dos hombres se dirigieron al embarca-dero. Quemaba la arena.

El emisario subió primero y se sentó en la proa, colocando el remo sobre las piernas; el otro hombre se despidió de su mujer y, aferrándose con las manos a la popa, emprendió una breve carrera empujando la canoa; cuando el agua le iba a llegar a las rodillas se asió con más fuerza y, tomando impulso, saltó sobre el piso de la embarcación, dando una especie de media vuelta; rápidamente se inclinó para coger su remo.

Durante esta maniobra, la canoa pareció perder su estabilidad, amenaza que no preocupó a ninguno de los dos. Con el impulso inicial, aquella cortó el agua contra la corriente, en ligera dirección al centro; pero cuando tomó el remo, la fuerza del agua les había hecho perder el impulso, desviándolos varios metros hacia la mitad del río. Con todo su vigor lo hundió por la banda izquierda, empujando el agua hacia atrás y hacia afuera en un solo movimiento de dos tiempos. Lo hizo varias veces, hasta anular la oposición de la corriente y recuperar el impulso; luego fue ganando un poco la orilla, donde la fuerza del agua sería menor; ya en este punto pudo dar descanso a su brazo izquierdo, remando alternativamente; entretanto, su compañero controlaba la dirección desde la proa. La ubicación en la canoa indicaba que a él le correspondería la mayor parte del trabajo, durante esta etapa inicial.

Quemaba el sol; ya estaban sudando. El río parecía más inmenso y mucho más frágiles los hombres.

Pasaron frente a Leticia, el pueblo que recelaba uno y entusiasmaba al otro. De noche llegaron a la aldea de Arara, siempre sobre la misma margen, donde durmieron.

Muy temprano, al día siguiente, se dispusieron a continuar el viaje.

Primero comieron una fuerte ración de mandioca, la harina de yuca, que rindieron con agua, y en seguida tomaron los remos. El agua era pesada y el ascenso lento.

Un poco antes del mediodía salió a su encuentro una manada de cinco bufeos blancos, los delfines del Amazonas, que jugueteaban contentos por el sol; los unos de los otros se hallaban distantes algunos cien metros, los animales un poco adelante y hacia el centro; primero, los bufeos nadaron contra la corriente, a flor de agua; a medida que aumentaban de velocidad iban emergiendo sus cuerpos hasta no dejar dentro del agua más que sus aletas posteriores, su cola. Tal velocidad causó en los hombres una mezcla de envidia y admiración. Nadaban en perfecta formación, uno al lado del otro: dos hembras al centro, flanqueadas por dos machos jóvenes y el tercero, que era el mayor de todos, iba al extremo izquierdo en actitud protectora. La fuerza de sus cuerpos y la agilidad de sus movimientos presumían hacerlos sentirse los mejores de todo el río. Más adelante se detuvieron y comenzaron a dar círculos; luego, el mayor se colocó en el centro sobresaliendo casi completamente, sosteniéndose en esa posición por rápidos movimientos de la cola y los jóvenes se colocaron algo distantes, en los cuatro puntos cardinales; así permanecieron unos segundos, quietos. A un grito agudo, ondular y prolongado del que estaba en el centro, los demás emprendieron una veloz carrera hacia él; su ímpetu sólo podría compararse con la fiereza del jaguar cayendo sobre su presa. A unos diez metros del mayor, aquellos cuatro enormes cuerpos se elevaron del agua sin desviar su rumbo; todos gritaban con intensidad; perfectamente sincronizados convergieron sobre la cabeza de su blanco, cada uno varios centímetros arriba del otro.

Las pieles apenas se rozaron yendo a dar otros diez metros más allá, sumergiéndose en lo más profundo. Luego retornaron a sus anteriores posiciones.

—Mira: están jugando.

—Sí, los vi. ¿Descansamos un rato?

—Bueno; veamos si podemos pescar algo.

En ese lugar el río no tenía playa, pues la selva lo cortaba a ras.

Hagámonos a la sombra de aquella mata de monte.

Dirigieron la embarcación bajo las ramas de una gigantesca chiringa, el árbol de la goma, que casi tocaba el agua; amarraron una cuerda de un gajo y dispusieron los arpones para la pesca.

Los bufeos seguían jugando.

Después de comer dos sabaletas, reemprendieron el viaje.

Al atardecer dejaron el Amazonas y tomaron las bocas del Amaca-Yacu, que venía desde el norte a entregarse en la misma orilla por donde venían ascendiendo.

Aunque siempre contra la corriente, el Ama-ca-Yacu ofrecía menos resistencia por ser bastante más pequeño. Recogiendo el curso de este río llegarían a su destino.

—Sí alcanzamos a llegar esta noche.

—Ojalá, porque estoy muy cansado.

Muy entrada la noche oyeron el rumor de los tambores y las voces que provenían de la aldea. Sin embargo, no alteraron el ritmo de la marcha; el otro hombre habló:

—¿Comenzará mañana la ceremonia?

—Sí, mañana; desde hace dos días comenzaron las fiestas.

—Llegamos a tiempo —concluyó el otro, sumiéndose en el pensamiento de la ceremonia que mañana presenciaría.

Al fin vio la mancha de muchas canoas en la orilla y el resplandor de las antorchas, que acentuaba las sombras. Dejó de remar, lo mismo que su compañero; el impulso que traían los llevó a la orilla. Desembarcando, vararon la canoa y ascendieron los diez metros de gradas que conducían a la aldea, Amaca-Yacu, llamada como su río.

Esto es lo que sus ojos vieron, esto es lo que sus oídos oyeron, esto es.

Ticunas pertenecientes a todos los clanes, a todas las tribus de la nación se habían reunido allí.

Navegando o caminando, fueron llegando tras ser convocados por emisarios como el de Mari-Asú.

Amaca-Yacu, la pequeña aldea del clan cuni, el del loro, albergaba muchos visitantes entre vasallos y dignatarios. Nada más tres edificaciones la constituían, conformando un triángulo: la gran maloca que hacía de vértice, frente al río y dos mucho más pequeñas en la base, una destinada a cocina y comedor del curaca y la otra al resto de la población.

Grupos de hombres hablaban en la maloca o paseaban mientras bebían licor de yuca, chaxu, en grandes totumas negras, buscando embriagarse. También en grupos, las mujeres conversaban, cuidaban de los niños y bebían; el patio que servía de plaza se encontraba igualmente lleno. Otros grupos formaban coros masculinos y femeninos separadamente, acompañándose

de tambores para la ejecución de cánticos y ruegos a los tótemes de las tribus y para ahuyentar a Yuruparí, enemigo del bien.

Hacia el centro de la plaza, uno de los grupos cantaba y bebía como los demás; eran aproximadamente siete, entre quienes se encontraba un hombre extraordinariamente viejo. El viejo calló y los demás también; encaminándose hacia la maloca, invitó a los demás; los hombres y las mujeres se fundieron en un solo grupo y con sus totumas fueron a buscar bebida a la gran fuente, tallada en un tronco de árbol.

Luego de tomar varios sorbos, uno de los hombres le habló a otro:

—Yo tengo mi hijo, que ya quiere irse.

—¿Por qué quiere? ¿Es trabajador tu hijo?

—Es. Tiene una chagra con yuca y sabe pescar muy bien. Él solo puede coger a la enorme gambitana.

—Buen pescador es el hijo tuyo.

—Quiere casarse con tu hija.

—¿Tu hijo está aquí?

—No. Se quedó en la aldea.

—¿Conoce tu hijo a mi hija?

—Sí. La ha visto.

—¿Qué aconsejas tú, yuuta, sabio brujo? —dirigiéndose al anciano, quien con gran autoridad le respondió:

—La ley de nuestros clanes, la que rige la procreación de la nación ticuna, es sabia y precisa. Desde cuando los ticunas aparecieron sobre la tierra, cada clan, cada familia, recibió la protección de su tronco, su origen, como el loro, el macaco; cada clan formó su tribu, fue a vivir a su aldea. Pero la ley manda que el hombre no puede tomar mujer de su mismo clan, su tribu; sino que debe buscarla en otro, cuyo protector no sea enemigo de especie del protector, el tronco de su propio clan. La ley es sabia y, según ella, este matrimonio puede hacerse. Si tú crees que él será buen marido para tu hija, invítalo a tu aldea, para que la tome. Todos asentían reverentes; cuando notó que el sabio brujo había terminado, el padre de la muchacha volvió a hablar:

—Ven con tu hijo a nuestra maloca —dijo como conclusión al padre del posible marido de su hija.

—Iremos, después de volver a la mía.

—Hablaremos con mi hija y entonces podrán irse.

El anciano sonrió, multiplicando así las arrugas de su rostro e, imitado por los demás, terminó el contenido de la totuma.

Para muchos, esa no fue una noche de reposo. Sin embargo, el sueño y el cansancio se fueron imponiendo sobre el otro hombre, el que había llegado en la canoa del emisario. Buscó sitio para dormir en la maloca, pero no lo encontró; recogió un tururí que nadie usaba y atravesó la plaza en dirección a las cocinas, donde tampoco halló lugar.

Se encaminó entonces a las afueras, donde comenzaba la selva, lejos del río. A pesar de la oscuridad pudo elegir las raíces de una enorme palmera de aguaje; se acomodó entre ellas, tapándose con el tururí. Momentos antes de dormirse definitivamente, escuchó unos débiles lamentos que provenían de su izquierda, en donde los ya nublados ojos entrevieron una pequeña empalizada; se dio cuenta de que esa era el encierro de la niña que dentro de pocas horas sería ofrendada en el sacrificio. Con esa convicción terminó por dormirse, bajo el ritmo de los tambores y el murmullo de las voces.

Bastante rato después cesaron los sonidos y el silencio lo despertó. Un poco sobresaltado y curioso, se levantó a indagar lo que podría suceder; cuando traspuso el follaje y llegó al descampado de la aldea, vio que un grupo numeroso rodeaba a un hombre joven y nervioso que parecía encontrarse a merced de dos viejos dignatarios, que a paso lento se le acercaban. Ahora sus músculos se endurecieron y su mente se iluminó al llegar a ella un recuerdo ya lejano; "¡ah, toxu!", le repitió su memoria todavía con temor y su cuerpo ansioso quiso observar, pero sin acercarse más:

El joven que aspiraba a casarse mañana era sometido al último rito, la dura prueba del valor, para comprobar su derecho a procrear descendencia, a ser padre, simiente de más ticunas, para mantener la raza. Su cuerpo y su voluntad deberían luchar con las terribles mandíbulas de toxu, la gran hormiga negra que dentro de poco empezaría a martirizar sus carnes. Si el dolor asomaba a sus labios o a su rostro, sería declarado indigno de tomar mujer en matrimonio, de ser padre de descendencia ticuna.

Cada uno de los viejos portaba un larguísimo guante hecho de tela de árbol, la corteza llamada tururí; por fuera estaban adornados con plumas de las más hermosas aves que alegran la selva; pero por dentro, todos sabían que se amontonaban las grandes hormigas, rabiosas por el encierro. Sosteniendo los guantes boca arriba, los dos viejos dignatarios se situaron frente al joven. Él cruzó su mirada con la de ellos, con la de los demás, todas las miradas se cruzaron con la de él y el silencio se hizo más intenso: abrió un poco los brazos y ellos, los dignatarios, le calzaron los guantes, hasta los hombros, y se retiraron dos pasos hacia atrás, enteramente atentos a sus reacciones. Cuando las hormigas notaron que el espacio de su encierro quedaba reducido por los brazos humanos que ahora lo ocupaban casi todo, atacaron furiosas sus carnes. Él, el novio, sintió cuando muchas mandíbulas se cerraron sobre su piel, cortándola y penetrándola; su dolor era terrible, pero sus ojos apenas se agrandaron, sus venas apenas se ensancharon, su boca no manifestó el dolor. El tiempo estaba quieto; todos los pulmones respiraban a su ritmo menor, mientras las mandíbulas atacaban con su tenacidad mayor.

Satisfechos de la prueba, del valor del joven, los viejos dignatarios hablaron entre sí:

—Es valeroso.

—Sí; es suficiente —y procedieron a liberarlo del tormento; un murmullo casi sordo se elevó entonces y todos fueron a congratular al novio, reanudando la fiesta.

También aliviado, el otro hombre, que observaba en la distancia, se dispuso a concluir el sueño interrumpido.

Dentro del corral, una agraciada niña de casi catorce años trataba de acallar el temor que le producían las pruebas a que sería sometida en el rito, pensando en que a través de él obtendría la purificación que su espíritu necesitaba para ingresar a la vida matrimonial.

Esta incertidumbre y el aislamiento le producían una gran ansiedad, ansiedad que había comenzado siete semanas antes, cuando su madre le había hablado mientras iban hacia el río a recoger agua para el almuerzo:

—Pronto te convertirás en una mujer, hija.

—Ya estoy grande, ¿verdad, madre? —le había respondido sin entender exactamente.

—Sí, hija, estás grande; pero no es por eso.

—¿Por qué es, entonces?

—Porque muy pronto recibirás el baño de la sangre.

Como por toda respuesta vio unos ojos asombrados, continuó:

—De tu interior comenzará a brotar sangre, anunciándote que ya puedes ser madre y casarte; durante toda tu vida la arrojarás cada mes, hasta secarse, cuando el vientre se marchite, advirtiéndote que ya no podrás tener más descendencia.

Asombrada, ahora al comprender, le había respondido de pronto:

—¡Entonces me harán la purificación! Algunas muchachas me han hablado cuando preparamos la yuca para hacer mandioca.

Se agacharon brevemente para llenar los recipientes, luego de lo cual su madre le había respondido:

—Así es, hija, y debes prepararte desde ahora.

—¿Cuándo será la ceremonia, madre?

—Dentro de siete semanas.

—¿Cómo has sabido que será dentro de siete semanas?

—Soy tu madre y he estado muy atenta a ti.

—¡Oh!

Llegando a la cocina habían descargado el agua; nadie se encontraba allí. Pelaron yuca y plátano que pusieron a sudar junto con carne de nacu, la danta. Ella estaba sentada sobre un tronco, amontonando las cáscaras para botarlas; desde su lugar junto al fogón, la madre había vuelto a hablar:

—Es el acto más importante en la vida de cualquier mujer ticuna. Mi hija debe de estar feliz.

El tono más severo en que había hablado, hizo que ella guardara silencio, escuchando después estas palabras:

—Desde el comienzo de la raza, todas las mujeres ticunas hemos recibido la purificación, otorgada por Tupana, gran conductor del universo. Los yuutas, nuestros sabios brujos, han enseñado que cuando la mujer arroja la sangre de su vientre, debe ser limpiado su espíritu para poder iniciarse en el matrimonio. Se ha de realizar una gran ceremonia para que toda su vida pasada sea borrada y pueda entrar limpia a la nueva vida de mujer, porque la sangre no puede manchar su vida, atrayendo el enojo de Tupana, el máximo protector de nuestro clan, nuestro pariente mayor, tótem, como también se ha llamado. Si no se hace así, nuestros hijos morirán, nuestras tierras no darán fruto y tú serás muy triste y odiada por los males descargados sobre los demás. ¿Comprendes, hija?

—Sí, madre; sí, estoy feliz.

—Todos los hijos del clan están pendientes de ti y cuando sea la ceremonia, muchos invitados de toda la nación ticuna vendrán para acompañarte. El espíritu abandonará tu cuerpo y emprenderá un largo viaje por el tiempo, hasta regresar al vientre de donde salió acompañando al cuerpo; de allí regresará llamado por la palabra sagrada de nuestros cantos, para entrar nuevamente en tu cuerpo y acompañarte en tu nueva vida. Así lo han enseñado los yuutas. Mientras el espíritu viaja, así nos ha sido enseñado, tu cuerpo será sometido en sacrificio a nuestro protector, el tótem, gran pariente, tronco del clan. Tu cuerpo debe ser fuerte y tu fe también, para que el espíritu no se pierda y tu cuerpo no quede abandonado en el sueño y tus ojos puedan volver a ver y tus oídos puedan volver a oír.

—¿Me dolerá, madre?

—No te debe doler. Tus cabellos serán arrancados de raíz y el yuuta ofrecerá tu sacrificio al tótem, para que te conceda la pureza. Entonces, sin tu pelo, también tu cuerpo volverá a ser como antes de nacer y podrá reunirse con el espíritu. Hija, si yo no hubiera sido purificada, cuando el espíritu regresara al vientre, allí mismo moriría, sin poder volver a tu cuerpo. Eso es lo que la sabiduría del pueblo ticuna nos ha enseñado, eso es. Ahora, hija, pondrás atención a lo que debes hacer.

—Te atiendo, madre.

—Tu padre y otros hombres están cortando cañita, para tu corral; el corral será levantado fuera del pueblo y en él te aislarás preparando el espíritu y fortaleciendo tu cuerpo. Desde ese momento, sólo te ocuparás en prepararte para el sacrificio. Habrás de cumplir estos mandatos: hasta cuando los dignatarios de la tribu y tu madre vayan a buscarte, no podrás hablar con nadie ni dirigir la vista a nadie, aunque se muestren frente a ti. Si desobedeces la ley, sobre ti recaerá el terrible castigo de no poder ser madre. Y si habiendo desobedecido intentaras procrear, tus hijos serán monstruos que por su espanto tendrían que vivir solos y hambreados, si es una mujer con quien te hubieras visto o hablado, recibiendo ella el mismo castigo. Pero si es con un hombre, él perderá su puntería y sus flechas no podrán cazar ningún animal de la selva y sus arpones no podrán sacar ningún pez del río y la tierra no producirá cuando sus manos la cultiven, y así hasta morir. Por la tarde será cuando quedes encerrada, después de comer.

Un rato despúes, los hombres habían regresado cargando sobre sus hombros atados de caña lisa.

Después de comer, se habían dirigido hacia la selva ella, los padres y los ancianos, encabezados por el curaca y el yuuta, quien en la semioscuridad de la manigua había indicado un lugar donde se dedicaron a levantar el cercado. Comenzaron a clavar las varas en la tierra, entrelazándolas con fibras de chambira. Entonces, la madre la había llevado aparte de la vista de los demás, diciéndole:

—Desnúdate, hija, y ponte este vestido que hice para ti.

Mientras lo hacía, lentamente, con la voz temblorosa, había preguntado:

—¿Y si alguien se acerca demasiado, madre? ¿Si llueve mucho y se cae el corral?

—No harás nada. Sólo yo iré cada mañana a llevarte comida y recoger lo que tu cuerpo no haya usado y que me entregarás envuelto en hojas que te llevaré, también cada mañana.

Podrás sentirme, pero no podrás hablarme. Toma este tururí, para protegerte del frío. Ven.

El corral, en forma de círculo, estaba casi terminado; su madre la había conducido del brazo hasta su interior y un momento después el círculo se había cerrado; la empalizada era unos cuantos dedos mayor que su estatura, por dos metros de ancho y con una ventanilla en el piso. Luego, con fibras de chambira le habían fijado un techo plano de palma, todo recogido allí mismo.

De esta manera la celda quedó en la oscuridad.

—Que tu espíritu sea fuerte, niña, y que recuerdes siempre los mandatos —habían sido las últimas palabras oídas de labios del yuuta, seguidas de un ruido de pasos cada vez más silenciosos.

Por suerte, no había llovido muy fuerte. Varias noches había creído sentir demasiado cerca el paso de las fieras, llegando a creer que derribarían el corral. Durante todo ese tiempo siempre estuvo atenta a que no penetrara ninguna serpiente y aprendió a distinguir mejor el canto y el horario de las aves; algunas mañanas presintió miradas inquietas de su madre a través de la escasa claridad que permitían las varas del corral, terminando por convencerse de que no era más que una confusión. Tal vez su madre jamás había dirigido la mirada adentro, ni siquiera involuntariamente, durante todos aquellos días.

Cuando la asaltaba el miedo, pensaba siempre en que todos pensaban en ella y en que se estaba preparando para convertirse en mujer. "No tardará mucho en amanecer", pensó. "Voy a dormir para estar bien en la ceremonia; ay, que se me quite el frío que tengo".

El otro hombre despertó mucho antes que ella.

Hizo el propósito de no mirar al lado, para no quebrantar la ley. Se levantó, dirigiéndose al río; al atravesar la aldea notó que muchos no habían dormido; otros desayunaban en grupos diferentes: los invitados y dignatarios lo hacían en las cocinas, de pie o sentados, y los concurrentes espontáneos, distribuidos en cualquier parte. La mayoría comía carne asada de danta y caldo de yuca, al que agregaban mandioca, que al contacto con el líquido crecía como espuma.

En el río encontró algunas personas, en su mayoría mujeres, que aseaban a los niños. Sintiendo que ya comenzaba a hacer calor, resolvió nadar un poco y, desnudándose, se lanzó al agua, que lo recibió acogedoramente; se dejó llevar por la corriente y diez metros abajo buscó la orilla; recogió la ropa y vistiéndose fue a buscar de comer.

Un rato después, casi todos se encontraban bebiendo y cantando, pues para muchos el rito era ante todo la ocasión de una gran fiesta.

A medida que avanzaba el tiempo, crecía el volumen de las voces, el ritmo de la danza y el golpear de los tambores. Y cuando el sol marcó la mitad de su carrera, llegó el momento.

El yuuta, el curaca, la madre y dos parientes ancianos de ella, se dirigieron al corral. Los dos primeros vestían capas de tururí; la madre, con gran delicadeza, llevaba en sus brazos otra, hecha con plumas de loro, el animal sagrado, el pariente mayor del clan, en tanto que uno de los ancianos transportaba una corona, también de plumas.

En la celda, ella supo que su aislamiento finalizaba cuando oyó el volumen creciente del vocerío. Sintió cuando el séquito se aproximaba; primero fue el crujir de las ramas al ser pisadas y luego la certeza de la proximidad humana, que le produjeron dos emociones encontradas: la alegría de su liberación y la incertidumbre de su suerte.

El yuuta dijo:

—Ha llegado tu gran momento; la gran ocasión en que recibirás la purificación del espíritu, ha llegado. Serás fuerte durante la prueba de tu viaje a la región de los sueños y estarás atenta al llamado de nuestra palabra sagrada.

Luego, en unión del curaca, con sus manos retiró el techo y deshizo el corral, cuyas varas cayeron a tierra.

A pesar de su largo encierro, la luz no lastimó los ojos de ella, porque el día penetraba poco en el espeso follaje. Aspiró, en cambio, la frescura de la vegetación y esperó inmóvil.

—Ve con tu madre.

Su madre tomó la corona de manos del anciano y con una leve señal, indicó que la siguiera.

A pocos metros, se detuvieron tras un grueso árbol, donde la madre le dijo:

—Hija: las mujeres de la tribu hemos hecho esta capa con plumas de nuestro padre el loro, que los cazadores han capturado. Te cubrirás con ella y ceñirás esta corona, para que todos sepan que tienes su protección y para que durante tu viaje, ningún espíritu maligno se atreva a hacerte daño. Toma...

Ayudada por su madre, obedientemente ciñó sobre sus hombros la capa y sobre su cabeza la corona.

—Vamos, que todos aguardan por ti.

Mientras esto sucedía, los dos ancianos habían sido encargados de los restos del corral. Uno tomó el techo, colocándolo sobre su cabeza y el otro reunió las varas, haciendo un atado que cargó en los brazos, dirigiéndose ambos al río. Los fardos pesaban poco. "Las varas y las palmas con que se ha construido el encierro para una nueva mujer deben ser devueltas a la naturaleza, para que ella las absorba y las destruya. Así se hará, que se lanzarán al río porque ningún hombre debe destruirlas, sino la misma naturaleza de donde salieron y nadie debe verlas más, ni volverlas a tocar, para evitar su castigo y el de su pueblo, ni se deben usar dos veces, ni las varas usarse para flechas, porque son cosa sagrada que no se debe profanar y así se hará siempre, cuantas veces sea necesario", enseñaba la ley.

Reunidos nuevamente, caminaron hacia la maloca convertida en tapeuca, templo para el rito del sacrificio; su regreso impuso el silencio y todos dedicaron su atención sólo a ellos.

Llegaron al centro de la espaciosa construcción rodeados por el pueblo. Allí el yuuta, el curaca, la madre y los más ancianos de la tribu se alinearon a lado y lado de la niña. Ella comenzó a sentirse un poco confundida a la vista de tanta concurrencia y de la imponencia que tomaba la celebración. Esa confusión le produjo una nueva especie de alejamiento por entenderse el centro de tantas observaciones.

Entonces los grupos se fundieron en dos grandes hileras, una de hombres y la otra de mujeres, colocadas frente a frente; la hilera de los oficiantes quedó al centro y en sentido vertical, de manera que formaba una especie de puente entre las dos orillas.

Todos los brazos se entrelazaron a la altura de la cintura cuando tres ejecutantes hicieron sonar sus tambores; luego los dignatarios, con ella al centro, irrumpieron en cánticos iniciando una danza de brevísimos saltos hacia adelante, en ligero zigzag; a medida que avanzaban inclinaban lentamente la cabeza y cuando las miradas se encontraron con la tierra, se devolvieron saltando hacia atrás y levantando la cara lentamente. Cuando completaron el primer ciclo, fueron acompañados por los coros, que avanzaban y retrocedían de la misma manera, como si las orillas se acercaran y se alejaran alternativamente de su puente.

Los tambores sonaban, regulando el ritmo, los movimientos de la danza y las voces de los coros, complementando la palabra.

Brevemente, algunos miembros de estos se retiraban a buscar bebida en la enorme fuente, de donde sacaban grandes totumadas que ingerían, para luego reintegrarse a sus lugares. La danza proseguía a un ritmo regular, pero de triste monotonía.

Entonces, los del centro se detuvieron y los coros también. A una indicación, varios hombres trajeron un gran tapiz de tururí, que extendieron sobre el piso, en el centro del recinto. El tururí había sido pintado por un artista de la tribu y describía el gran círculo del universo con sus puntos cardinales; dentro del círculo, otros motivos geométricos representaban los principales animales que pueblan la naturaleza. Para su ejecución, el pintor preparó tinturas a base de brea y jugos de achiote, aguaje y hojas. Así, con el rojo del achiote pudo pintar el círculo del universo; con el negro de la brea, sus límites; y con el amarillo del aguaje y el verde de las hojas, la fecundidad de la naturaleza.

Ella fue conducida al centro del tapiz donde se sentó cruzando las piernas, en actitud meditativa; la acompañaban el yuuta, el curaca, el más anciano de la tribu, los dignatarios, sus familiares cercanos y su madre.

Los coros formaron un gran círculo, una mitad de hombres y la otra de mujeres. El yuuta, chamán, brujo, sabio, habló a la multitud.

—Ticunas: este es el momento que con tanta alegría hemos esperado de comunicarnos con nuestro padre el loro y renovar su protección.

El sacrificio de esta niña nos llevará hasta él en la celebración más importante de nuestro pueblo. Acompañémosla todos, para que pueda regresar mujer y ser madre de nuestros descendientes.

En seguida tomó un bastón, de cuyo extremo inferior pendía un aru, cascabel de nueces, haciéndolo sonar contra el piso; mientras el más anciano de la tribu tomaba un mechón de los cabellos de ella arrancándolos de raíz, invocó a los espíritus cantando:

> *Niña,*
> *si nadie te llama,*
> *dormida quedarás;*
> *para acompañarte*
> *debes despertar.*
> *Nuestro canto te invoca.*

Ella sintió algo así como un agudo quemón, seguido de la sospecha de la sangre tibia brotando por los poros de su cuero cabelludo. La sensación se repitió y una especie de sopor místico la invadió; su mente se oscureció y apenas captó, como si viniera de muy lejos, el susurro de muchas voces que decían: "Todos... o entre sueños, sueños...".

Ya no oyó más la palabra mágica llamando al espíritu, guiándolo para que no se perdiera en ese viaje a la penumbra de la vida.

El anciano volvió a su lugar, después de arrancar el mechón; luego cada uno de los dignatarios arrancó también un mechón y volvió a su lugar; tras ellos, su pariente más anciano y luego los más jóvenes, arrancaron más cabello a la cabeza ensangrentada y volvieron a su lugar.

El círculo giraba danzando en torno y haciendo coro:

Todos cantemos
o entre sueños quedará,
porque si no lo hacemos
para siempre dormirá.

Parecía que la cabeza se ponía más grande y la sangre se hacía más espesa.

El viejo yuuta volvió a cantar:

Contigo yo canto;
niña, no duermas.
Tienes nuestra compañía
porque es tu gran día.

El rito prácticamente concluía. La madre, poniendo en su fe toda la energía, pensó con angustia: "Ay, que oiga mi invocación; que nuestro pariente el loro escuche el poder mágico de mi canto y le permita retornar".

En su profundo sueño, ella oyó, primero tenuemente y después de una manera cada vez más clara, una voz que desde más allá la llamaba:

> *Ahora mismo, ahora*
> *canto aquí.*
> *Si no regresa,*
> *su madre querrá morir,*
> *morir de tristeza.*
> *Por eso es mi canto.*

Pudo finalmente imponerse la magia de la palabra. Pudo el canto tender su puente para el retorno del espíritu a su cuerpo, fundiendo en uno solo todos los tiempos, el aquí con el ahora, permitiendo así la reacción de la durmiente al llamado de los suyos, rescatándola a la nueva vida. Poco a poco su mente se fue aclarando, sus ojos vieron otra vez la luz y sus sentidos le indicaron que su vientre era limpio y fértil.

Concluyó la ofrenda, la ceremonia, el rito del sacrificio, con un nuevo triunfo de la palabra sobre el sueño. De regreso del olvido, ahora podría casarse.

Así ha sido la ley, así es.

Jutíñamúi modela el universo

Aquí viene el mito, el relato de la aparición de los hombres sobre la tierra, de cómo se formó la nación conocida bajo el nombre de los huitotos, así llegada a llamar porque en remotos tiempos de guerras era como los guaques, indios murciélagos, designaban a sus prisioneros caídos en batalla, antes de someterlos al suplicio de la muerte.

Fue nombre que también dieron a conocer los carijonas que decían huitotos a quienes tenían por sus enemigos, a pesar de pertenecer ambas naciones de indios a la misma gran familia, la de los caribes. Que por estas razones algunos dicen que verdaderamente el nombre es muinane y no huitoto.

Viene el mito entonces, con la narración de cómo se formaron los clanes que luego se dispersaron por todas las selvas del Amazonas, en territorios de Colombia y del Perú, tal como lo saben los sabios del clan del jeíyai, palo de chucha, cuya morada es a orillas de la quebrada de Monochoa, bosque de matapalo, palo carguero como se dice. Es como se sabe allí en Monochoa, cerca de Araracuara, territorio de Colombia.

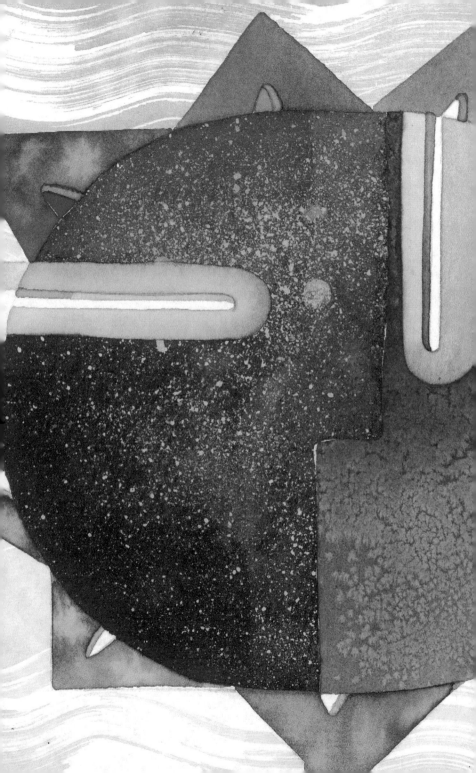

Antes no había más que tinieblas. Una vez Jutíñamúi, padre creador, dominador del universo, conversó, a solas, con su espíritu, acerca de cómo formar el mundo. Después de reflexionar mucho se decidió por hacer primero la superficie, luego los árboles y luego los animales.

Cuando hizo los animales, los examinó cuidadosamente y como no quedó contento, resolvió modificarlos para que quedaran mejor a su imagen, a su deseo. Se dedicó, pues, a componerlos; y cuando terminó la modificación de aquellos cuya naturaleza era buena para tal, decidió:

—Voy a hacer Jitoma, pues no veo bien lo que he hecho.

Y el sol apareció iluminando al mundo.

Pero como Jutíñamúi no los había modificado a todos, muchos quedaron con plumas, con colas, como los lagartos.

Quedaron animales porque no los alcanzó a crear bien, pues cuando Jitoma alumbró al mundo, dividió a los seres en dos clases: hombres y animales.

De ahí que los animales quedaran envidiosos del hombre, porque debido al sol no alcanzaron a ser creados bien. Por eso en la noche son mansos y al amanecer se tornan ariscos, esa es su naturaleza.

Quedaron, pues, los animales en un lado y en el otro los primeros creados, cuyos nombres fueron: Yinaca Puinaño, la primera madre, y Yinaca Coinuya Puinoima, el primer padre.

Ellos, los primeros padres, vivieron mucho y tuvieron numerosos hijos, entre quienes se contaron los cuatro más notables, las raíces del género humano, cuyos nombres fueron: Monaya Nuroma, Monaya Jurama, Jajtoma Cojota y Yinaca Dórac.

Cuando los primeros padres envejecieron y sus cuerpos los dejaron, sus espíritus quedaron flotando en el universo. Entonces las cuatro raíces, los jefes, reunieron a sus demás hermanos y dijeron:

—¡Vamos a buscar los rincones del mundo!

Dicho lo cual, cada uno se fue con un grupo en las cuatro direcciones. Llegados hasta los extremos del mundo, allí se establecieron. Comenzaron a multiplicarse y su número aumentó en gran manera.

Pero Jutíñamúi pensó: "No tienen nombre; se fueron sin nombre". Y arrancando del dedo grande de su pie un pelito, lo arrojó al mundo.

El pelito cayó sobre una laguna y he aquí que cuando tocó el agua se convirtió en una boa.

Al suceder esto, los espíritus de los primeros padres, que estaban flotando en el universo, acudieron a donde sucedía tan increíble hecho y cuando llegaron a la laguna fueron transformados en Jidéurui Pajnueni y Rama Tacúrani, los enviados, los portadores de la palabra, del nombre.

Ya transformados, iluminado su entendimiento, dijeron:

—Ese es el secreto de los nombres de las tribus; el secreto está en la boa.

—Sí, vamos a buscar a nuestros hijos.

Se fueron entonces a recorrer todo el mundo llamando a la gente, a los que se habían ido sin nombre, para dárselo. Cuando todos fueron llamados, cuando ya habían sido guiados de vuelta por las cuatro raíces, se reunieron en la laguna.

Jidéurui Pajnueni y Rama Tacúnari se introdujeron en el agua para capturar la boa y obtener el secreto de los nombres; durante días y noches trataron inútilmente de apresarla. Cansados, acudieron a sus hijos para perseguirla entre todos; pero aun así, resultó imposible; intentaban e intentaban, mas no podían. Clamaban apesadumbrados:

—No podemos capturarla. No podremos tener el secreto de nuestros nombres.

Por lo cual Jutíñamúi, el padre creador, se compadeció de los hombres y envió un águila en su auxilio, para capturar la boa.

El águila vino volando por los cielos, a gran velocidad; con mucha fuerza se dirigió a la laguna y, cuando ya iba a cogerla, la boa se escapó; el águila volvió a remontarse y fue descendiendo, como sin querer cazarla; cuando ya estuvo cerca se picó rápidamente y, agarrándola, voló con ella hasta la orilla. Ya en su poder, dijeron los enviados:

—Y ahora, ¿qué haremos? A lo que Jutíñamúi aclaró sus inteligencias, con la extraordinaria revelación de que debían cocinarla primero para dar nombre a la gente. Entonces regocijados exclamaron:

—Vamos a cocinarla y repartirla entre todos, para darles nombre, para que puedan llamarse.

Fue así como trajeron una olla de barro y en ella pusieron a cocinar la boa. Instruyeron luego a la gente:

—Id a buscar hojas en qué recibir la comida. Id a buscarlas, para que podáis llamaros.

Todos, felices porque ya iban a tener nombre, fueron a buscar las hojas.

Regresaron con ellas, para recibir la comida de la boa; entonces los padres los fueron llamando, así sin nombre, sólo para que se acercaran a recibir la comida. El primero que se acercó tenía su plato formado con hojas de palo de chucha; los enviados le sirvieron y le dijeron, tal como les había sido revelado:

—De ahora en adelante tu nombre será Jeíya, palo de chucha, y tu tribu será la de los Jeíyai.

Del mismo modo siguieron nombrando a cada uno y a su tribu según las hojas del árbol que hubieran tomado; pero como unos no alcanzaron a bajar hojas, cogieron aves del monte para arrancarles las plumas y así quedaron también.

Estos fueron los principales nombres de las tribus, de los clanes:

Jipicuenne, caimito, de la tribu de los Jipikuennei.

Kúnenej, canangucho, de la tribu de los Kúnenné.

Éjpagái, palo de guacamaya, de la tribu de los Éjpagái.

Meénaga, pluma de azulito, de la tribu de los Meénagai.

Muitóipeye, pluma de pava, de la tribu de los Muitóipeyei.

Inyereyai, palma de techar, de la tribu de los Inyereyai.

Ñekúube, palma de chambira, de la tribu de los Ñekúranne.

Ennocape, de la tribu de los Ennókayai.

Yarebe, ortiga, de la tribu de los Yorias.

Huiguupe, de la tribu de los Higuúyai.

Ecúube, barbasco, de la tribu de los Ekuuréjitai.

Todas las tribus tomaron, recibieron sus nombres de las hojas, de las plumas, sin ser ellas su origen, sino el instrumento de que se valió la sabiduría de Jutíñamúi, con el mandato de que cada clan fuera guardián de su planta, de su ave.

Acontecido esto, las cuatro raíces, los primeros conductores, cumplida su larga misión en la tierra, dijeron:

—Muy bien, ya cada tribu tiene su nombre, ha formado su clan. De manera que podéis elegir vuestro lugar, podéis cazar, pescar, sembrar y reproduciros. Ahora nosotros nos vamos a gobernar los reinos.

Cumplida su misión, los cuatro se dirigieron a gobernar cada uno de los principales reinos del universo: el Reino Negro o de las Tinieblas, el Reino Blanco o de la Luz, el Reino Verde o de la Selva y el Reino Rojo, el de la Sangre.

Sucedió que cuando ya se había repartido todo, después de la partida de las cuatro raíces a gobernar los reinos, cuando habían sido asignados los nombres a todas las tribus y no quedaban más que débiles rastros de la boa, se llegaron hasta Jidéurui Pajnueni y Rama Tacúnari, dos grupos retrasados, que no habían alcanzado a acudir a la repartición; pidieron los del primer grupo:

—Por favor, dadnos algo, que queremos nuestros nombres.

Ellos vieron si quedaba algo todavía y, como así era, con los débiles rastros de la sangre de la boa les humedecieron sus cuerpos y les dijeron:

—Vuestro nombre será Muinane, el de los humedecidos con la sangre de la boa. Buscad también vuestro lugar para vivir, formad vuestro clan, vuestra tribu, que también habéis alcanzado a ser parientes de los huitotos.

Los Muinanes se retiraron felices y muy agradecidos porque habían alcanzado a recibir su nombre.

Pero para el otro grupo no había quedado nada, ningún rastro; ellos dijeron preocupados:

—¿Y nosotros? ¿No nos dais nada? ¡Oh, dadnos algo!

Con pesar, debieron responderles :

—Hijos, habéis llegado muy tarde y no tenemos nada para daros vuestros nombres.

A lo que ellos palidecieron de angustia, sin saber qué hacer, sin nombre, sin poder tomar espíritu. Ablandado su corazón, Rama Tacúnari les dijo:

—No os aflijáis, que no moriréis; por ahora tendréis que ir al norte, muy lejos, pero después podréis volver y uniros a los huitotos.

Así fue como el generoso corazón de Rama Tacúnari les permitió continuar viviendo a ellos, los palidecidos, hasta cuando un día se cumpliera el tiempo, la profecía de poder regresar donde los huitotos.

Así fue también el origen de las tribus huitotos, de sus nombres y de sus raíces.

Unámarai, padre de Yajé

Se relata ahora la leyenda del primer héroe, sabio, el organizador de los clanes de la nación huitota, llamado Unámarai, padre de Yajé, asimismo por haber sido el primero en recibir la revelación, en experimentar el delirio del más allá.

Se relata ahora en la leyenda cómo Unámarai, el gran jefe, escogió a sus sucesores para la conducción de las tribus, cómo estableció sus dignidades y sus descendencias según su saber, para que todas las generaciones sepan por qué las tribus desarrollaron diferentes dialectos, a pesar de pertenecer a una misma nación. Pues este asunto de los dialectos es como decir pequeñas lenguas que tienen algo de parecido unas con otras. De tal manera, que en ella se relata también cómo desde el principio fue establecido que los clanes no se cruzaran en matrimonio, a diferencia de otras naciones, tal vez porque al hablar dialectos diferentes marido y mujer no se podrían entender.

Pues, en verdad, muchas naciones de indios se dividen en clanes que son como familias de los que dicen poseer el mismo origen particular, el mismo tótem tenido como antepasado directo o solamente como símbolo, como son los tótemes de los huitotos; y cada clan forma su tribu que vive en su aldea, su pueblo. De ahí que la

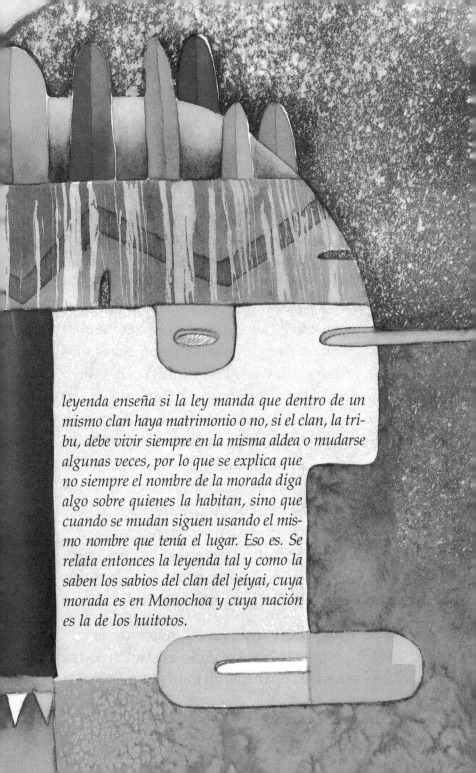

leyenda enseña si la ley manda que dentro de un mismo clan haya matrimonio o no, si el clan, la tribu, debe vivir siempre en la misma aldea o mudarse algunas veces, por lo que se explica que no siempre el nombre de la morada diga algo sobre quienes la habitan, sino que cuando se mudan siguen usando el mismo nombre que tenía el lugar. Eso es. Se relata entonces la leyenda tal y como la saben los sabios del clan del jeíyai, cuya morada es en Monochoa y cuya nación es la de los huitotos.

Cuando Jitoma iluminó al mundo, su luz dividió a los seres en hombres, los modelados y animales, los que por llegar la luz no alcanzaron a ser transformados. Esto causó una gran envidia de los animales hacia los hombres, porque no podían hablar como ellos, pues apenas chillaban, aullaban, silbaban. Aconteció entonces que después de la ordenación y de la nominación de las tribus, Jóriai, el espíritu malo del tigre, del venado, de la danta, del oso caballuno, movido por el rencor se dedicó a perseguir a los jefes para hostigarlos, para lastimarlos y vengarse en ellos por no haber sido transformados los cuerpos donde moraba. Los hombres se enfermaban, morían de repente y nadie sabía por qué. Todos estaban alarmados, se preguntaban: "¿Qué será? ¿Quién encontrará la solución a este misterio que nos aniquila?"

Sucedía que uno de los hombres de la nación huitota se había dedicado a estudiar todas las plantas de la naturaleza para obtener medi-

cinas de ellas, llegando a poseer gran sabiduría. Un día, investigando los secretos de los bejucos, encontró el llamado Yajé, el verificador, el revelador del conocimiento. Cogió el bejuco por su punta, que no es otro que el dedo índice de Unámarai; aspiró la savia, el índice del espíritu de Yajé y tuvo la visión, la revelación de que la causa de tantos males era Jóriai, el espíritu del tigre, rencoroso hacia el hombre.

Por descubrir tantos secretos, por tanta sabiduría, lo llamaron entonces Unámarai, el padre, el guardián de Yajé.

Unámarai puso su sabiduría al servicio de los huitotos, se dedicó a protegerlos y fue su primer gran jefe.

Sabedor del secreto de la revelación, Unámarai se fue a buscar al tigre, ya sin temor porque habiéndolo descubierto, sólo por saberlo, gracias al poder mágico de la palabra revelada, había perdido su espíritu. Ya no era sino ir por él y así lo hizo.

Se encontró con el tigre y de un flechazo lo mató. Cargó con él hasta donde los suyos y les dijo:

—Aquí está; ya le he matado. Podéis comer su carne sin temor, porque su espíritu ya está muerto, no existe.

Ellos cocinaron el tigre y volvieron para ofrecerle carne, pero él les brindó una nueva enseñanza:

—Aprended, que nosotros los sabios y los brujos no podemos comer la carne del tigre, nuestro enemigo, porque Jóriai nos persigue mayormente, con especial rencor, a nosotros los brujos, los sabios. No debemos comerlo para que la fuerza de su demonio no se apodere de nosotros. Por eso no podemos; por eso sólo comemos la carne de los animales buenos, para no nublar nuestra virtud, nuestra sabiduría.

—¿Y a nosotros no nos persigue? —le preguntaron.

—Vosotros los mandados, tenéis vuestro espíritu menos amenazado. Como el árbol viejo que se seca por su cáscara, así se seca vuestro cuerpo; como el árbol que muere por su rama enferma, así morís vosotros.

Siguieron preguntando: —Dinos, oh Unámarai: ¿sí nos es permitido enfrentar al tigre, matarlo en nuestras selvas?

—Sí podéis; si lo encontráis en cacería, podéis matarlo; si ataca vuestra morada, podéis matarlo; pero debéis arrojar el arco con que lo hayáis flechado, para que su espíritu no os alcance a través del rumbo de la flecha, para que no os cause enfermedad, para que no os descascare el palo de la vida; y debéis frotar vuestras manos con hojas para protegeros mayormente; aprended.

—Aprendemos —contestaron maravillados de su venerable sabiduría.

Muchos progresos alcanzaron los huitotos durante el largo mandato de Unámarai, el sabio, el primer gran jefe. Por sus enseñanzas conocieron los secretos de la naturaleza, las artes de la medicina, la defensa a los conjuros de los espíritus enemigos, la técnica de los cultivos y las leyes del gobierno. Mucho tiempo gobernó Unámarai, el grande.

Al cabo, sintiendo que su cuerpo se secaba después de haber vivido tanto tiempo, que su cuerpo ya no podría cargar más con su espíritu, reunió a los elegidos, a los que él había enseñado principalmente, para ser los nuevos conductores de los huitotos.

Se reunieron dentro del raátiraco, la maloca destinada para consejo, solamente ellos, los elegidos, que no eran más que hombres. Sobre bancos de madera colocados en círculo, se sentaron bajo la dirección de Unámarai. Allí estaban reunidos el primer gran jefe y los elegidos en el llamado mambeadero, templo de la sabiduría, mascadero de la coca, para revivir las enseñanzas.

Él les repartió hojas de coca y les invitó a mambear, a mascarla. Luego habló:

—Mi cuerpo se acaba, mi sabiduría ya no estará más con vosotros. Os he reunido, a vosotros los elegidos por mí, por vuestros méritos, a quienes he transmitido mis conocimientos para deciros que la conducción de las tribus huitotas estará en adelante bajo vuestra responsabilidad, bajo la bondad de vuestros consejos y la inteligencia de vuestras decisiones.

—¿Nos abandonarás, maestro?; ¿cómo podremos ser buenos jefes sin tu protección? —le preguntaron, con la angustia en sus voces.

—Sólo mi cuerpo os abandona; no debéis permitir que la tristeza os invada. Mi espíritu estará protegiendo siempre al pueblo de los huitotos, cuidando de que no falte Yajé ni la coca —tranquilizó a sus discípulos.

Entonces el gran sabio comenzó a preguntar a sus elegidos, los aprendices, para que ellos respondieran manifestando así sus conocimientos ante todos.

—¿Cuál es el secreto de la vida de nuestro pueblo? —preguntó a uno de ellos.

—Es larga la vida de los huitotos y antes era más larga; durante la exploración del mundo, nuestros hombres vivían hasta doscientos años, hasta secarse sus carnes, maestro.

—¿Qué sucede, pues, a la muerte?

—Los huitotos no mueren, maestro. El espíritu del hombre muerto pasa al de su hijo.

—¿Y cómo recibe el hijo su espíritu, si el padre no ha muerto?

—Mientras vivan los dos, el hijo no tiene espíritu, sólo es protegido por el del padre, como es protegida la mujer por el espíritu de su padre primero y por el de su marido después, pues la mujer no tiene espíritu.

—Entonces, ¿se pierde el espíritu de un hombre que muere sin tener hijos?

—No se pierde, maestro. Si un hombre muere sin hijos, su espíritu pasa al sabio de la tribu, para enriquecerlo.

Con atención seguían todos la prueba. Sus cabezas se inclinaban con aprobación, ante las respuestas.

—En verdad que has respondido con acierto, demostrando que has aprendido mis enseñanzas. Eres digno de ser Nejmáirama; yo te designo sabio de tu tribu. Esa es tu dignidad, la de la conducción de las mentes, del conocimiento de la historia, que transmitirás a tu hijo menor, pues a él lo podrás modelar mejor, en él concentrarás tu experiencia. Cuando nazca tu hijo, le darás a beber agua de nejmaira, la yerba de la sabiduría, en cuya custodia te heredará.

—Gracias, maestro. Así lo haré —contestó gozoso el elegido, recibiendo el respaldo de los demás y una sonrisa de Unámarai, quien le dijo:

—Toma ahora este bejuco que está recién cortado; aspira la esencia de Yajé; te llegará a través de Unámarai, su dedo índice que descenderá por el bejuco y sentirás el contacto de su punta, Unati, el hijo, para que recibas las últimas revelaciones.

Así lo hizo el elegido, quien sintió cómo su mente iba siendo invadida de extrañas sensaciones, de formas vertiginosas, de colores múltiples y de voces...

—¿Cuándo puede casarse un hombre? —tornó a preguntar Unámarai dirigiéndose a otro de sus aprendices, sus discípulos.

—Cuando sepa cazar la danta, borugo, cuando sepa pescar el bagre, sacar el caucho, cultivar su chagra.

—¿Y la mujer?

—La mujer que elija el hombre debe saber cocinar, tejer el chinchorro, ayudar a sembrar la chagra. Debe ser buena, fiel y obediente a su marido; si no es así, él podrá repudiarla o devolverla a sus padres.

—¿Dónde busca mujer el huitoto, cómo se hace la unión?

—El huitoto debe buscar mujer dentro de su misma tribu y no puede tomar sino una, que reemplazará cuando se muera la primera o cuando la repudie, si le ha resultado mala. Todo se hará sencillamente, sin fiestas, sólo con el consentimiento de ellos y con la aprobación de los dignatarios.

—Muy bien. ¿Cómo se trabaja la tierra?

—Así se trabaja la tierra, en el tiempo de la recolección: todos trabajan en la chagra de uno, luego en la de otro y así hasta el último, para que haya armonía y mayor utilidad.

—¿Quién restituye, pues, la armonía cuando se ha perdido, cuando se cometen faltas, quién impone los castigos?

—El difícil trabajo de mantener la armonía, de resolver los problemas, de decidir los castigos, corresponde al jefe, ¡oh! Unámarai.

—Bien dadas tus respuestas. Eres digno de ser jefe. Yo te designo Iyakma, jefe de tribu, con la tarea de velar por tus gobernados hasta la muerte, tarea en que deberá sucederte tu hijo mayor; pero si él muere, te sucederá el siguiente, o si no, el hijo de tu hermano, así sucesivamente. Recuérdalo, como has recordado mis enseñanzas.

—Lo recordaré, maestro.

—Toma, aspira ahora el espíritu de Yajé.

El elegido jefe, curaca, recibió a Yajé y experimentó también la revelación, la comunión.

Nuevamente preguntó Unámarai:

—¿Cuál es nuestro rito, nuestra ceremonia de los muertos?

—A la muerte de un huitoto, su cuerpo será enterrado bajo la maloca que habitó. La maloca se quemará, se abandonará, porque en ella ha penetrado la enfermedad, la tragedia de la muerte. Igualmente se abandonará la chagra del muerto, no volverá a cultivarse en ella ni a sacarse frutos de ella aunque sea muy rica, pero no se quemará.

—¿Por qué?

—Porque así han sido tus enseñanzas; cuando muere una rama hay que aislarla, o muere todo el árbol. Y tú has dicho que el muerto es la rama, y sus hermanos el resto del árbol.

—Bien contestado. Dime ahora: si quien muere es un jefe, ¿qué se hará?

—¡Ah! si quien muere es un jefe, es necesario comunicar el duelo a todas las tribus, de donde vendrán a acompañarlo. Su cuerpo, vestido con guayuco, será mecido en un chinchorro dentro de la maloca, para que todos puedan llorarlo. Entonces, allí mismo, se abrirá una fosa de cuatro metros, donde será depositado su cuerpo. Y junto al cuerpo del jefe muerto se depositará una totuma de ambil, zumo de tabaco, para matar la enfermedad, para atrapar por siempre y no dejar escapar al espíritu maligno que lo mató. Sobre su fosa se sembrará el árbol de donde tomó sus hojas en el principio, durante la asignación de los nombres. Luego se quemará la aldea y la tribu buscará su lugar en otra parte, por ser un dignatario.

—¿Quién debe, entonces, curar los cuerpos de los vivos y cuidar los espíritus de los muertos?

—Cuando tú faltes, esa misión le corresponderá al médico, al brujo, así nos has enseñado.

—Sea esa tu misión. Yo te designo Jorérajma, el médico, el brujo de tu tribu y a tu muerte te sucederá tu hijo mayor o si no el siguiente, o si no el de tu hermano, o si no el de

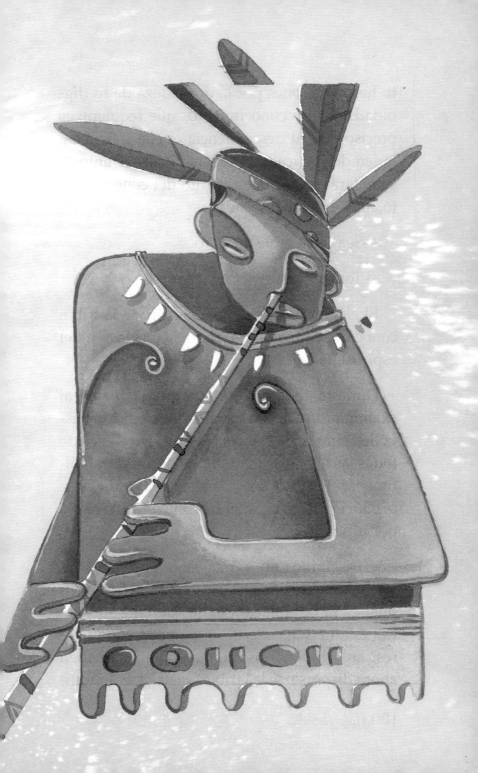

tu hermana, pues por la delicadeza de tu dignidad, por los conocimientos que requiere, es preciso que tu descendencia quede trazada; a quien deba sucederte enseñarás desde antes y someterás a la prueba, al rito del conocimiento, aquí en el mambeadero.

—Sea, venerable maestro.

—Toma ahora.

El elegido brujo, sabio, chamán de la tribu, conoció igualmente el delirio, la revelación del espíritu de Yajé.

Durante toda la noche estuvo Unámarai examinando a sus discípulos, los elegidos, hasta designar a los sabios, los brujos, los jefes de todas las tribus. Cuando hubo designado al último se levantó sobre sus envejecidos pies, produciéndose un silencio reverente y habló por última vez.

—Discípulos míos, mis elegidos: hemos revivido las enseñanzas, las leyes de nuestro pueblo; la designación de los que me sucederán está hecha; cada tribu tiene sus conductores, sus dignatarios, cuanto faltaba; pueden ahora dispersarse las tribus, instalarse definitivamente y desarrollar su dialecto, su lengua particular, según se ha venido diferenciando el hablar desde las grandes correrías a los rincones del mundo.

Vosotros mantendréis las enseñanzas para que la nación huitota sea grande y respetada. Ahora, mi espíritu se va de este cuerpo agotado, pero él cuidará de vosotros.

Con mucha suavidad, en medio de la aflicción de sus elegidos, los nuevos jefes, se sentó sobre el banco y con sus enflaquecidos labios aspiró a Yajé por última vez.

Unámarai, padre guardián de Yajé, también desde su partida llamado Moóroma el bisabuelo, el protector, no respiró más.

En el principio fueron los yorias a la sombra de la ortiga

Y aquí vuelve el relato huitoto, pero como lo conocen los narradores del clan yoria, que es el de la ortiga, como lo cuentan para decir su propio mito de origen y también los principales hechos y costumbres de su tribu, sus leyes de gobierno y sus leyes de matrimonio, que es la ley conocida ahora como endogamia, como la ley que manda que los matrimonios sólo se den entre personas del mismo clan, del mismo tronco, ley que es distinta de la que practican otras naciones indias, que sólo se casan con miembros de otros clanes, lo que ahora se llama exogamia.

Así es, entonces, como se conserva en su memoria, como lo recuerdan apenas, que ya casi no es práctica allí, en la tribu de los yorias, clan de la nación huitota, cerca de Leticia a esta orilla del río Amazonas, en territorio de Colombia.

Craida Jitoma se llamó el primer hombre viviente, la creación de Jutíñamúi, dios naciente de la nación huitota y de toda la humanidad. Según se dice desde antiguo, Craida Jitoma fue el primero entre los hombres, el primeramente modelado por Jutíñamúi, padre creador. En su larga vida tuvo un hijo, Monaira Jitoma, a quien enseñó los primeros secretos de la humanidad, para que pudiera gobernar a sus hermanos, pues veía la muerte acercándose ya.

Así fue como, a la muerte de su padre, Monaira Jitoma tomó el poder, haciéndose cargo de sus hermanos. Pero Monaira Jitoma se sentía solo; se veía, él, desamparado, sin ayuda para tanta responsabilidad como le había dejado su padre; aquello era muy duro para la soledad de su corazón, que no tenía con quién consultar las tantas decisiones, ni con quién compartir el trabajo de dirigir la vida de sus hermanos. Entonces, al fin se acogió a Yajé, el revelador del conocimiento, para saber qué ha-

cer, cómo obtener ayuda; invocó a Jutíñamúi y a Craida Jitoma, su padre:

—¡Jutíñamúi! ¡Craida Jitoma, oh padre mío!, necesito ayuda, pues dejasteis a vuestro hijo solo; enviadle alguien con sabiduría, para ayudarle a gobernar a vuestro pueblo.

En seguida cayó en el sopor, en el sueño, en el delirio del Yajé; en medio del delirio recibió la revelación, la ayuda de sus padres, que guiaron sus pasos hasta un nido de picaflor en un árbol; en el nido, sus manos encontraron un huevo pequeñito, un solo huevo de picaflor, que tomó cuidadosamente y acercándolo a sus labios dijo al huevo:

—¿Qué hay?, ¿hay alguien?

Sintió como palabras, pero no entendió nada, por lo que volvió a preguntar, acercando también el oído:

—¿Hay alguien?

—Sí, sácame de aquí —le dijo una vocecita desde adentro. Se arrodilló y despaciosamente puso el huevo en el suelo; le dio un golpecito con su dedo índice y la cáscara se abrió y he aquí el misterio increíble, ¡que dentro del huevo había un hombrecito que lo miraba con la cabeza levantada! Monaira Jitoma, maravillado, le preguntó:

—¿Quién eres tú?

—Soy tu hermano; tu hermano menor; he venido a ayudarte en el gobierno de nuestro pueblo.

—¡Ah!, mi hermanito. Me pones feliz. ¿Cómo te llamas?

—Tú eres mayor; debes darme un nombre.

—Muy bien. Como has venido en un huevo de picaflor te llamarás asimismo, Fichido Jichima, Huevo de Picaflor.

Sintiéndose aliviado, su delirio se fue desvaneciendo y cayó en el sueño, que fue largo.

Al despertar, Monaira Jitoma vio a un hombre joven sentado cerca y que vigilaba su sueño; en sus manos tenía una cáscara de huevo de picaflor partida en dos. Monaira Jitoma le habló:

—¿Eres Fichido Jichima?

—Sí, yo soy, Monaira Jitoma.

Monaira Jitoma comprendió el increíble hecho que acababa de suceder y le dijo solamente:

—Muy bien, hermano, vamos donde los demás.

Cuando llegaron donde la demás gente, Monaira Jitoma los hizo reunir y teniendo a Fichido Jichima a su lado les dijo:

—Este es Fichido Jichima, Huevo de Picaflor, mi hermano menor, enviado por Jutíñamúi y Craida Jitoma, para ayudarme en los asuntos de nuestro pueblo.

Ya con Fichido Jichima a su lado, Monaira Jitoma, el hijo del primer viviente entre la humanidad del primer gran jefe, del sabio, se dedicó a sacar secretos a la naturaleza, buscándolos en lo más profundo de su ser, para aumentar así su propia sabiduría.

Aprendió, entonces, a sacar corteza de árbol y a hacer tela con ella para cubrir su desnudez, y asimismo les enseñó a los demás. Con su hermano menor realizó el conocimiento de los alimentos y ambos les enseñaron a sus gobernados qué frutas, qué carne, qué peces comer;

y les enseñaron cómo sacar sal del monte y dulce de yuca cocida, que se llama casaraman, para dar sabor a sus alimentos; y les enseñaron también a mascar la coca y a fumar el tabaco.

Aumentaba la humanidad y se dispersaba, se formaban tribus distintas. Pero faltaba la revelación de la palabra, la asignación de nombres para los hombres. Entonces fueron convocados todos; fueron buscados y llamados por Monaira Jitoma, el primogénito, y por su hermano menor, Fichido Jichima, Huevo de Picaflor, su ayudante en la conducción, en el cuidado de la humanidad.

Fue entonces cuando Jutíñamúi, padre mayor, creador supremo, por su poder, concedió la gracia, la magia de la palabra, dando nombre a los huitotos por medio de la madre boa, por su sacrificio para tal acontecimiento, siendo cocinada para luego ser entregada como alimento a los concurrentes, durante el rito de la distribución de los nombres. Y fue entonces cuando les fue dicho a todos que buscaran hojas de plantas en qué recibir la comida de la boa, su porción; y todos se fueron a buscar las hojas, pero unos tuvieron la fortuna de encontrar primero una de tal propiedad y presencia, que inmediatamente tomaron hojas de ella y apurados y contentos regresaron a donde era cocinada la boa; al acudir donde Monaira Jitoma, oficiante mayor del rito que se celebraba, él vio al momento que se trataba de hojas de una planta especial cuya bondad medicinal ya conocía desde cuando se había dedicado al estudio minucioso de la naturaleza, por lo que se alegró de que la tal planta hubiera sido encontrada.

Así fue que, cuando les llegó el turno, les dijo:

—¡Ah!, muy bien: habéis encontrado la bondadosa planta medicinal Yoria, la ortiga, la que tiene el poder de ser aplicada a la piel y calmar sus dolores, cuyo jugo calma también el dolor interior; ciertamente ésta es Yoria, la ortiga, la planta calmante.

Ellos escuchaban, fascinados de su suerte, de su destino. Monaira Jitoma continuó hablando:

—Muy bien; por tal hecho vuestro nombre será Yoria, ortiga, y vuestro clan será el de los yorejobai, elegida tribu principal de los huitotos. Ahora retiraos.

Monaira Jitoma siguió nombrando a las tribus, formando los clanes según las hojas de las plantas con que habían acudido. Fueron en total doce los clanes, doce las tribus mayores designadas ese día, con que se formaron ocho razas y nueve dialectos, nueve formas distintas de hablar; tal era la multiplicación a que había llegado ya la humanidad.

Las tribus no se dispersaron inmediatamente por la inmensidad verde de la selva, sino que se quedaron un tiempo allí, para aprender lo mucho que les debía ser enseñado para desenvolverse bien en su nuevo destino, pues todavía les faltaban leyes, maneras de llevar sus vidas. Era una gran congregación, con toda la humanidad allí reunida, que hasta entonces esa humanidad eran los huitotos; una celebración verdaderamente grande.

Después de la revelación de los nombres, de tener el poder mágico de la palabra, el destino de Monaira Jitoma y Fichido Jichima fue acabar de iluminar el conocimiento de sus hermanos. Primeramente separaron a un lado el poder diabólico y eligieron a los más ancianos de las tribus, cuyas edades eran de cien años y más, para hacerlos sabedores del bien y del mal, para dominar el poder satánico, protegiendo así a los hombres de esta amenaza; también les dieron el saber vegetalista, enseñándoles los secretos de las plantas, su poder de curación de los males, de manera que la muerte tuviera temor de aquellos sabios ancianos. Todo eso aprendieron ellos, que por lo largo de su vida eran mejor capacitados para saber.

También de cada tribu eligieron al más hábil y valiente, nombrándolo jefe de su gente, con el siguiente mandato:

—Velarás por el bienestar de tu tribu y verás de ser siempre hábil para todos los trabajos, justo en la manera de ser con tus gobernados y oportuno en tus decisiones. Criarás a tu hijo de modo igual, para que él sea tu heredero, así hasta el último término que si no tienes hijos a tu muerte, tomará el mando tu nieto; o si no, otro miembro de tu misma familia, como un sobrino; o si no, yerno; y si no tienes nadie a quién dejar el mando cuando llegue el momento, podrás otorgarlo a un huérfano criado en tu casa, que así el mandato no saldrá de tu descendencia —así le fue dicho a cada uno.

—Así será, venerable Monaira Jitoma, venerable Fichido Jichima —así respondió cada uno.

En seguida se dirigieron a todas las tribus, a toda la humanidad allí reunida, y les dijeron:

—Pueblo huitoto: ya se han dado los nombres, ya se han dado las leyes principales; ahora celebraremos festejos de estos hechos, todos, hombres y mujeres, celebraremos la danza de Juaraé, construiremos el maguaré para hacer música; pero primero bailemos, cantemos.

Entonces empezaron a cantar con palabras que todos iban repitiendo y aprendiendo; les indicaron que bailaran todos, hombres y mujeres, y el gentío duró cantando y bailando dos días enteros; sus voces llenaban el aire y sus pies, danzando de la manera como les era enseñado, aprisionaban la tierra. Dos días llevaban en tal festejo ritual preparando la construcción del maguaré, cuando Monaira Jitoma les dijo:

—Está bien de baile ya; ahora vamos a tumbar los árboles para hacer el maguaré.

—Maguaré, ¿qué será?, ¿cuántos árboles para uno?, ¿qué instrumento se antoja ser? —se preguntaban unos a otros, con una duda grande cruzada en sus rostros. En seguida oyeron más palabras de Monaira Jitoma, descendiente primero de Craida Jitoma, primero entre los vivientes:

—Haremos una gran celebración de nuestro rito, para que se puedan recordar las bondades del pueblo de los huitotos.

Entonces los repartió en grupos y a cada uno de los grupos le dijo lo que tenía que hacer: a uno que fuera a la selva a buscar cacería, para tener alimento abundante; a otro, que fuera a sacar cortezas de árbol para hacer lienzos, para que los artistas los dibujaran; a los demás los dejó ahí mismo, preparando casaraman, la yuca dulce, para hacer licor de ella, para que también prepararan casabe con yuca brava y tuvieran listo mucho ambil de tabaco y mucha coca para mascar; él, Monaira Jitoma, acompañado de su hermano, se internó a su vez en la selva con el último grupo. Ya dentro de la selva, habló de nuevo:

—Busquemos dos árboles, su hembra con su macho, para hacer el instrumento.

—¿Su hembra con su macho? —preguntó incrédulo el más próximo de ellos.

—Sí. Su hembra con su macho, porque en este reino verde de la selva, cada palo, cada árbol hace pareja, hay un macho, hay una hembra y procrean asimismo como los animales, como nosotros —respondió benévolamente, haciendo enseñanza a la vez.

—Ah...

Siguieron buscando hasta que al fin eligieron la pareja de árboles, uno pequeño y otro grande.

—Con este grande, haremos la hembra y lo tallaremos para que su voz sea gruesa; con este pequeño, haremos el macho y lo tallaremos para que su voz sea fina; ese será el maguaré, el juaraé, como decimos, la pareja, nuestro conjunto principal de música. Ahora, derribémoslos —dijo Monaira Jitoma, el conductor.

De esta manera, guiados por él, derribaron los árboles, uno grueso para la hembra y otro delgado para el macho; los despojaron de hojas y de ramas hasta que dejaron sólo los troncos, que cortaron en los extremos; entonces hicieron un despejado, limpiaron el campo donde estaban caídos los palos, para poder trabajar mejor. Al más grande le marcaron un círculo en cada uno de sus extremos, para tallarle dos huecos; poco a poco fueron golpeando, penetrando la madera hasta que ya fueron bocas, huecos de verdad; cuando estuvieron bien marcadas las bocas, que se veían, y podían meter las manos, trazaron una línea como de tres dedos de ancho para unir los dos orificios y comenzaron a hacer lo mismo, a picar la madera hasta hacer el pequeño canal; quedaron, pues, las dos bocas unidas por el canal; entonces ya no tallaron más, sino que empezaron a recoger hojarasca para prender fuego, para seguir tallando el instrumento, pero ya con fuego lento, cuidando de que sólo se quemaran las partes marcadas; así la cavidad se iba profundizando, quemando por dentro el tronco, quitándole las entrañas; cuando el fuego se apagaba un poco, limpiaban la ceniza, los pedazos ya quemados y desprendidos, y volvían a avivar el fuego.

Entonces Monaira, el conductor, indicó que se fuera haciendo lo mismo con el otro tronco, el más pequeño dedicado para macho, pero que no se le hiciera sino un orificio en el centro; mientras tanto, acompañado por unos pocos, se puso a buscar por los alrededores un árbol de caucho para hacer los mazos para tocar el maguaré, el juaraé, como se dice. Encontró el árbol y ahí mismo les enseñó cómo hacerles los cortes, cómo hacer las heridas para que saliera el líquido, para que el árbol se desangrara dejando rodar por sus heridas el líquido, que iban recogiendo en gruesas totumas, que iban calentando y batiendo, para que se convirtieran en masa, en puro caucho; cogieron, pues, palos pequeños, como bastoncitos, para envolverles las puntas con caucho; y el caucho se iba pegando a sí mismo, de manera que lo que quedaron fueron mazos con cabezas de caucho muy grandes. Terminada esta parte del trabajo, Monaira les dijo:

—Muy bien, volvamos, para afinar el maguaré, porque ya tenemos los mazos para tocarlo.

Cuando regresaron con los mazos, en realidad el trabajo de tallar los troncos estaba muy adelantado, pues sus vientres eran bastante grandes.

De ahí en adelante fueron poco a poco, agrandando un poquito y golpeando con las cabezas de caucho, con los mazos, para probar, para ir afinando con cuidado, de manera que se consiguiera el tono justo, la voz adecuada, el timbre fuerte, grueso, para la hembra; y el timbre suave, delgado, para el macho; y aprendían a la vez los significados de aquellos sonidos, su modo y tiempo de uso, todo su sistema de comunicación.

Entretanto, los otros grupos realizaban su trabajo, para lo cual habían sido distribuidos; unos cazaban y otros conseguían tela de corteza de árbol, para los ropajes con que deberían adornar los cuerpos para esta parte del gran rito. Los cazadores, con sus certeras flechas habían dado muerte a muchos animales, sahínos, monos, perdices, hasta tener suficiente para comer todos con gusto. Los demás, los recolectores de corteza, habían seleccionado primero los árboles, luego los habían descascarado y luego les habían quitado la corteza, golpeándolos suavemente con palos y desenrollándolos, despegándoles la piel. De esta manera habían acumulado bastantes cortezas cuando oyeron unas voces, unos sonidos desconocidos, que parecían llamarlos, que parecían indicarles regresar al punto de partida. Los cazadores también las oyeron y, guiados por el mismo impulso, por la misma curiosidad, se encaminaron de regreso. Los que se habían quedado haciendo los demás preparativos también oyeron el maguaré y al rato vieron llegar a sus hermanos.

Abundante fue todo lo que se tuvo reunido; ciertamente abundantes las cortezas, la carne cazada, el ambil, la coca, el jugo de yuca, todo abundante y grande también y hermosa la pareja de maguaré, la hembra y el macho, preciso su lugar en medio de la concurrencia. Todos se dispusieron a terminar lo que pudiera faltar: unos a pintar las cortezas, otros a preparar la comida.

Antes de que cayera por completo la tarde muchos estaban ataviados, adornados sus cuerpos, dibujados sus rostros, las mujeres con coronas sobre sus cabezas, hechas con plumas de las más preciosas aves de la selva.

Ya era la noche, cuando Monaira Jitoma, el predilecto, acompañado por su hermano menor Fichido Jichima, Huevo de Picaflor, les pidió atención y les dijo:

—Pueblo huitoto: esta gran celebración, esta danza ritual de la Menisa para la que todos

estamos reunidos, sea, pues, el símbolo, el recuerdo para todos nuestros descendientes, para que nunca olviden el destino de nuestro
pueblo; regocijémonos entonces, dancemos, co-
mamos, bebamos, cantemos todos. Ya el tiempo de Monaira Jitoma y el de su pequeño hermano, Huevo de Picaflor, se ha cumplido;
mañana partiremos, así que gocemos esta noche, porque mañana marcharemos cada uno a
nuestro destino. Ya ha llegado el tiempo de que
las tribus se funden cada una en su lugar, para
continuar su engrandecimiento; así se ha de
hacer; nosotros iremos a nuestro destino y vosotros al vuestro.

—Ahora vamos a aprender una ley más: la
del matrimonio, la ley que ha de regir la rami-
ficación de nuestra descendencia.

En seguida llamó a los elegidos jefes y sacerdotes, para que estuvieran cerca de él y para
acabarlos de instruir sobre tal ley.

—Sacerdotes, jefes, mis hermanos: aprended la importante ley del matrimonio entre los
huitotos, que ha de ser que las tribus conserven íntegramente su ancestro, por lo que el
matrimonio debe ser entre miembros del mismo clan, no casarse con otros clanes; esta será

responsabilidad de los padres; ellos elegirán al niño, la niña con quien deberá casarse su hijo, su hija, y hablarán con los padres y prepararán al hijo en las artes de la cacería, del cultivo, para que sea cabal en el sostenimiento de la prole, cuando la tenga; y cuando tal niño sea ya jovencito hablará con la novia elegida desde el nacimiento y los padres de cada uno acordarán y arreglarán lo concerniente a su futuro; así, pues, el novio y su padre aportarán coca, tabaco, casabe y carne para la casa de la novia; hecho esto, se fijará la fecha del matrimonio, de su celebración; entonces ya se irán a vivir juntos, se unirán sus vidas pero no sus cuerpos, pues esperarán a que ella reciba de la naturaleza el anuncio de la fecundidad, venido con la menstruación, que será cuando deberá ser purificada en rito en que beberá espíritu de corteza de árbol, para ser liberada, purificada de todo mal, para que pueda iniciarse realmente en el matrimonio; asimismo será preparada con consejos, pruebas y prácticas sobre su trabajo, sobre todo su comportamiento de esposa, después de lo cual ya será completamente esposa y podrán entonces consumar su matrimonio. Así ha de ser, siempre, para todas las generaciones.

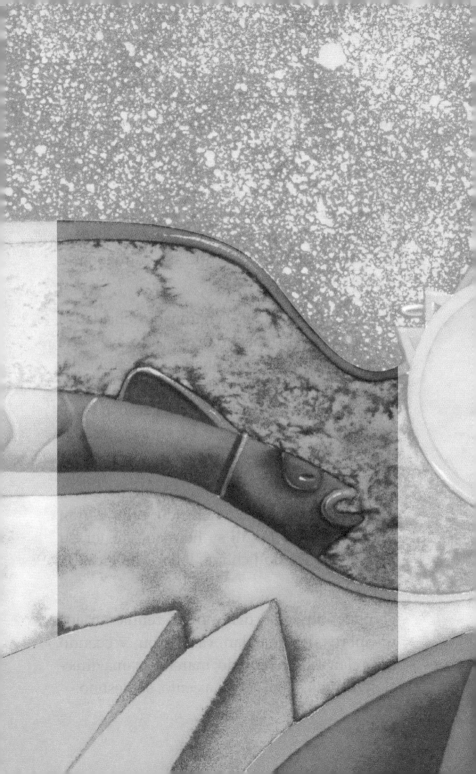

—Verdaderamente es lo sabio; verdaderamente eres muy sabio, Monaira Jitoma —hablaron ellos, iluminado su conocimiento. Luego él, el maestro, Monaira Jitoma, su hermano Fichido Jichima, Huevo de Picaflor, y los sacerdotes, casaron a innumerables parejas a las que transmitieron los mandatos y las enseñanzas para guardar la ley entre sí y entre toda su descendencia.

Tan grandes actos llenaron de felicidad a todos; la concurrencia danzó, cantó, bebió de gozo según como ya les había sido enseñado, hasta que mucho después sus cuerpos se agotaron y uno tras de otro se entregaron al reposo; finalmente, el trepidar de voces y pisadas fue reemplazado por la vigilia de la selva.

A la mañana siguiente, cuando despertaron, ya ni Monaira Jitoma, el elegido, primer gran maestro, conductor, ni su hermano menor, su ayudante, Fichido Jichima, Huevo de Picaflor, estaban allí.

Sintiendo todo distinto se reunieron los miembros de cada clan, cada tribu, y cuando cada clan estuvo reunido, marchó en una dirección distinta, a buscar su asiento, su destino.

Los yorias, tribu elegida, clan principal nacido a la sombra de la ortiga, los primeros, buscaron el río Amazonas y allí cerca de su orilla se establecieron.

...Pero eso fue hace tanto tiempo... ya no es más que recuerdo, como sueño; vino el blanco y arrasó con todo y a nosotros nos dejaron en el ser que estamos, que no somos nosotros, ni somos ellos.

Yagua

Este es el relato, la historia completa de los hijos del agua, el gran pueblo de los yaguas.

Yagua es palabra cuyo origen desde antiguo se confunde; porque en la misma lengua puede decir hombre del agua; y en la lengua de los quechuas también puede decir eso, o ensangrentados; que es como aparentan sus cuerpos, sus vestiduras, al verlos por primera vez y es nombre que les pudieron dar los dichos quechuas, los llamados incas, cuando en tiempo remoto intentaron dominar a las naciones indias del Amazonas, sin poder jamás.

Ciertamente es difícil conocer muchas verdades sobre el origen de este gran pueblo de los hijos del agua, los inmortales, los dioses, porque en realidad su lengua no tiene parentesco con otra, su historia no tiene ligadura claramente comprobada con la de ninguna nación, por haber vivido siempre indómitos, siempre habitando en lo más profundo de la selva.

Singular nación ésta, que no tiene sino un clan dividido directamente en tribus que viven en sus aldeas, pero cuyos mandatos son que los matrimonios se celebren entre miembros de diferentes aldeas, no habiendo cruce de clan como en otras, sino de lugar.

Este es el relato, contado desde el principio, desde cuando los primeros pobladores aparecieron sobre la tierra, con la historia de sus jefes, de sus hombres y de sus

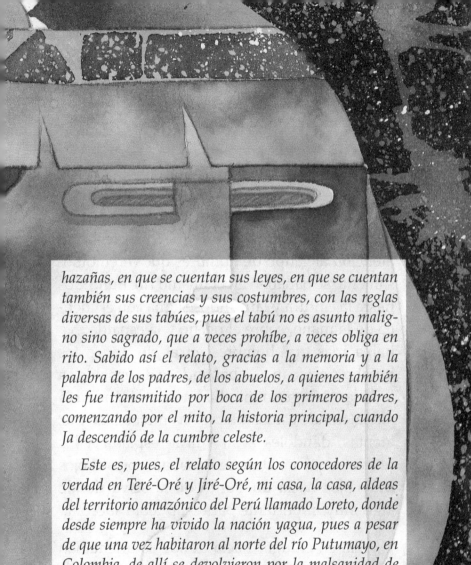

hazañas, en que se cuentan sus leyes, en que se cuentan también sus creencias y sus costumbres, con las reglas diversas de sus tabúes, pues el tabú no es asunto maligno sino sagrado, que a veces prohíbe, a veces obliga en rito. Sabido así el relato, gracias a la memoria y a la palabra de los padres, de los abuelos, a quienes también les fue transmitido por boca de los primeros padres, comenzando por el mito, la historia principal, cuando Ja descendió de la cumbre celeste.

Este es, pues, el relato según los conocedores de la verdad en Teré-Oré y Jiré-Oré, mi casa, la casa, aldeas del territorio amazónico del Perú llamado Loreto, donde desde siempre ha vivido la nación yagua, pues a pesar de que una vez habitaron al norte del río Putumayo, en Colombia, de allí se devolvieron por la malsanidad de su clima; y cierto es que siempre han habitado aquella región en el Perú, aunque un ángel exterminador de los bienes naturales venido del norte haya traído a algunos de ellos para las vecindades de Leticia valiéndose de engaños y de sus necesidades, a fin de hacer con ellos espectáculo.

Yuané, curaca yagua de Teré-Oré, jefe de los inmortales de su aldea, vio una vez más a su hijito jugando en el agua en compañía de otros niños que no prestaban atención al grupo de hombres que ceremoniosamente se bañaban en el mismo río, hundidos hasta la cintura y lanzándose agua con el cuenco de la mano, sobre el pecho y la espalda. No había más que hombres en el río; todos los hombres estaban allí, bañándose de espaldas a la aldea. Ninguno miraba hacia atrás, hacia la aldea, donde estaban todas las mujeres de pie, atentas, dándoles a su vez la espalda a los hombres que en el río se bañaban, con sus ojos muy fijos hacia un punto de la selva donde algo muy importante para su pueblo sucedía.

Allá. en el lugar hacia donde se orientaban los ojos de las mujeres de la aldea, cubierta por la espesura de la selva, se encontraba una mujer joven. Se hallaba sola, sentada, casi arrodillada, sobre un lecho de hojas; muy cerca pasaba un arroyo pequeñito. Ella también estaba muy atenta a lo que sucedía, porque la aten-

ción, el rito que celebraba toda la aldea, se debía a ella.

Ahora estaba pendiente, recordando cada una de las instrucciones que desde tiempo atrás había recibido de su madre, que desde entonces había cumplido varias veces: entregar por sí sola a un descendiente, un continuador de los yaguas inmortales, el pueblo eterno, la nación más pura entre los sobrevivientes de la selva. A su mente, a todas las mentes, llegaban los recuerdos más anteriores...

Al sentir Petita que dejaba de ser una niña, al sentir que se hacía distinta, que su cuerpo se fortalecía, tomaba nuevas formas, su madre le había hablado, le había revelado lo que sería su vida dentro de la tribu, dentro del clan yagua, lo que sería de ella después de tener su primera menstruación, el símbolo de la maternidad, diciéndole también:

—Por tal motivo, hija, deberás ser purificada en rito.

Así fue como se construyó una pequeña choza fuera de la aldea, a donde fue conducida por su madre y por su abuela; el piso de la chocita era de hojas que serían el lecho para su descanso. Cuando quedó instalada allí, ellas, su madre y su abuela, terminaron de cerrar la celda por todas partes, dejándola aislada por completo.

—Aquí estarás, escondida de todos, protegida del mal, de los espíritus del tigre y la luciérnaga, de la mirada de los hombres; así se ha dispuesto, para protegerlos a ellos también, para proteger la fertilidad de la tierra cultivada, las chagras, para proteger tu propia fertilidad, para que los ojos de los cazadores no se extravíen y puedan dar en el blanco con sus cerbatanas, con sus lanzas, para que los peces no tomen otro rumbo en el agua. Cumple el rito, para que tales pesares no recaigan sobre tu pueblo —le dijo su madre.

—Muy bien, madre.

—Sólo nosotras te veremos, sólo tu madre y yo te traeremos los alimentos, sólo nosotras —terminó diciendo su abuela.

Luego ellas se marcharon sonriéndole, expresándole su cariño. Durante todo el tiempo que estuvo allí, comió sólo plátano y carne de perdiz; sólo comió eso y su boca no volvió a probar alimento distinto, ni siquiera cuando salió de allí, sino hasta tiempo después; su boca no volvió a probar carne de animal distinto de la perdiz, ni pescado, ni sal, ni dulce, para no provocar los males que le habían anunciado.

Cuando oyó mucho movimiento en la aldea, que se preparaban festejos, supo que su encierro estaba por terminar. Entonces llegaron otra vez las mujeres; entraron a su celda, a la oscuridad de su chocita, apenas rota por delgados hilos de sol que se colaban entre la empalizada, entre las palmas del techo; su abuela llevaba entre las manos una totuma con algo caliente, como goma, como aceite; se notaba muy caliente la totuma, pero la anciana no daba muestras de sentirlo; tampoco su madre dio muestras, cuando introdujo el dedo índice en el líquido y le habló:

—Muy bien, hijita; ya está por terminar la prueba; has sido virtuosa, ahora deberás ser valerosa; así será cumplido cabalmente el rito, así será protegida nuestra tribu, así estarás apta para contraer matrimonio, sin temor de concebir monstruos. Ahora cierra los ojos.

Notó cómo su madre se inclinaba sobre ella, acercando a sus ojos el dedo humedecido con el líquido caliente, con la resina; luego sintió un calor intenso en las cejas, sintió que el aceite aplicado la quemaba; después de un momento, el dolor fue dominando sus sentidos, durmiéndolos, y cuando su madre comenzó a arrancarle las cejas ya no sintió tanto dolor; pero volvió a sentirlo cuando su madre comenzó a arrancarle una por una, las pestañas.

Pasada la prueba, la doncella fue engalanada, ataviada hermosamente; las mujeres tiñeron su cuerpo, se lo pintaron todo de rojo, con tintura hecha de achiote, cubrieron su cabeza con una bella corona de flores, la vistieron con una falda roja, con una gargantilla, con brazaletes, con muñequeras, con rodilleras, con tobilleras, todo hecho de fibras de palma de chambira, las fibras teñidas de rojo y no tejidas, sino sueltas.

Petita, la joven doncella, engalanada de esa manera, ya convertida en mujer, ya capacitada para esposa, fue conducida a la aldea. De otras aldeas habían llegado yaguas, invitados a esta gran ceremonia, yatuján, ceremonia de la fertilidad, rito de la abundancia; todos tenían sus

cuerpos pintados de rojo, y cubiertos con faldi-
llas, rodilleras, tobilleras, todo hecho de fibras
de chambira, enrojecido con achiote; vestidos
así, en recuerdo de la historia principal, en recuerdo del mito, las mujeres con su pecho descubierto, sólo luciendo una gargantilla; en cambio los hombres con el pecho cubierto con una
pechera, con la faldilla más larga, luciendo
además tatuajes de estrellas, tatuajes de la luna
y del sol, todo en recuerdo del mito. Allí estaba también Sarco, el gran curaca, gran jefe de
todos los yaguas, sucesor de Trijún con varias
de sus mujeres. Sarco, jefe de la casta de los
grandes curacas, jefe de los curacas de Jiré-Oré,
Teré-Oré y de todas las aldeas yaguas, estaba
allí, porque había dispuesto que se celebrara
un consejo de jefes, convocando a todos los curacas bajo su mando allí en Teré-Oré, la aldea
de que era jefe su amigo Yuané; por eso también había tanto regocijo entre los asistentes.
Porque también él había decidido quedarse todo el tiempo, los ocho días que durarían los
festejos de ya-tuján, la ceremonia, el rito de la
abundancia; por eso había hecho venir a varias
de sus esposas, las que vivían cerca; pues estaban ellas distribuidas, una en cada aldea bajo
el dominio de Sarco, gran curaca, gran jefe.

Todos se reunieron en el cocamero, la amplia maloca, el dormitorio comunal de la aldea.

El centro de todo era la doncella, la purificada, la iniciada en el rito de la pubertad; todos cantaban en coro, un coro de hombres, otro coro de mujeres, acompañándose con tambores de piel de mono, flautas y capadores de caña; dos mujeres eran las encargadas de brindar a la concurrencia totumas de muyá, el licor de yuca; y cuando brindaban, cantaban versos a cada uno de los concurrentes.

En un recogido grupo, formado por los principales de las tribus, estaban Yuané y su hijo mayor, Asento, que ya comenzaba a ser un joven; en medio de la conversación, Asento preguntó respetuosamente a su padre:

—¿Por qué nuestro nombre es yagua, padre, por qué pintamos de rojo nuestro cuerpo? ¿Cuál es nuestro origen, padre?

—Hijo mío: hace mucho, en tiempos remotos, cuando en el mundo no estábamos nosotros, Tupana, nuestro dios, decidió poner vida humana sobre la tierra. Entonces desde más allá de archiú, el cielo, desde la región de Nahuarchí, región de las fuentes divinas, Tupana derramó agua sobre la tierra, que entonces se hallaba seca. Sobre ella regó Ja, agua, cubrió de lluvia esta parte de la faz de la tierra; y he aquí que entre la lluvia, una gota se adelantó a las demás, siendo la primera en tocar la tierra; esa primera gota de lluvia cayó sobre la tierra y salpicó y he aquí que al momento de salpicar, al rebotar, se transformó en un hombre, el primer humano sobre la tierra, llamado Ja, asimismo como su origen, Ja, como su tótem, el agua maravillosa; siguieron cayendo gotas de lluvia, las que venían adelante de los verdaderos chorros y asimismo se fueron convirtiendo en humanos; rápidamente hubo sobre la tierra muchos seres. Entonces ya arreció la lluvia de verdad, ya no cayeron gotas, sino chorros y, al caer, los chorros tomaron su curso y se convirtieron en los innumerables ríos de la tierra, de la selva.

Los que se quedaron allí, en el lugar donde Tupana, dios verdadero, lanzó las primeras gotas de lluvia, los que se quedaron allí cerca del primer río formado, integraron el clan de los hijos de Ja, Jahuannos, los hombres del agua, yaguas como se nos dice ahora. Por permanecer en el lugar, por no desintegrarse, les fueron concedidas todas las virtudes, todos los poderes, los de la sabiduría, los de la bondad, la habilidad y el don de no morir jamás, de ser señores de su selva.

Grande fue su felicidad, completa su armonía. Bajo la dirección del primer gran conductor, del primer gran curaca, Rajé, así llamado mi padre, mi piel, los primeros yaguas aprendieron los secretos de la naturaleza, aprendieron a convivir con ella y entre sí. Había mucha cacería: dantas, tortugas, saínos, monos, tigres, toda clase de aves, que mataban con lanzas arrojadizas hechas de chonta y con sus cerbatanas, sus pucunas, cuyos dardos envenenaban con el poderoso curare. Aprendieron todas las astucias, a emboscar al temible tigre, a acechar sus presas imitando la voz de los animales y el canto de las aves, al macho que llama a su hembra, imitándolos con silbatos, para sorprenderlos de ese modo. Aprendieron a pescar con veneno de barbasco y con arpón. Cada familia, su hombre con su mujer, aprendió a cuidar y cultivar su chagra con yuca, plátano, ñame, camote, banano, sachapapa, maíz, y a recoger de las palmas frutos de pifayo y frutos de zapote y a recolectar también la miel.

Rajé dispuso que se aprendieran los oficios y cada uno, hombre y mujer, tuviera trabajos propios según la condición de sus cualidades, de tal manera que el hombre elaborara los instrumentos musicales y construyera las armas, las lanzas, las cerbatanas con sus dardos, mientras que la mujer fabricara con la tierna habilidad de sus manos los chinchorros de fibra de palma de chambira para dormir, la ropa de fibra para vestir, como también las bolsas para transporte, y toda clase de objetos para el trabajo y la maloca.

En armonía, bajo el mandato de Rajé, el pueblo inmortal de los yaguas, del clan del agua, crecía en grandiosidad, unido en su raza y en su lengua, unido por su pureza, en tanto que los que se dispersaron no mantuvieron su condición y se desintegraron en naciones y lenguas diferentes por todos los puntos de la tierra y al oriente se formó y estableció el pueblo de los ticunas, al occidente el de los cotos, al sur el de los omaguas, que ya no son más, se extinguieron para siempre y, al norte, el de los crueles boras.

Pero la paz, la felicidad, fueron interrumpidas por la ambición de las tribus vecinas y por la maldad, el mal ejemplo dado por dos perversos hombres del mismo clan yagua que, descontentos por no poder hacer su parecer y queriendo despojar de su poder al venerable Rajé, infundieron tal malestar, que al fin provocaron la guerra. Terrible fue la guerra, violentas fueron las batallas de los yaguas contra las tribus vecinas y particularmente dura fue la guerra contra los crueles boras, llamados nirenes, los caníbales, sanguinarios devoradores de hombres. Por primera vez el pueblo eterno conoció la muerte, de la que había sido librado por don de Tupana y conocieron los yaguas el horror de ser comidos por los boras cuando caían en batalla y sus cadáveres, sus puros huesos, eran arrojados a las riberas del río Ampi-yacú, donde aún moran hoy estos antiguos enemigos. Y a esta terrible desgracia sobrevino la ira de Tupana, quien hizo conocer su enojo por tanta matanza.

Temerosos de ser castigados, de perder los dones otorgados, se reunieron los más sabios, los más prudentes, bajo la dirección de Rajé, para deliberar y buscar el remedio para tales males, para poner fin a la guerra y a la matanza y recobrar la protección de Tupana.

—¿Qué haremos, pues, para remediar estos pesares? —preguntó Rajé.

—Debemos buscar la paz —dijo uno de los ancianos.

—Tenemos que aplacar la ira de Tupana —dijo otro.

—Sin su protección pereceremos.

—Es verdad que hemos sido diezmados —opinaba cada uno de los deliberantes.

—Entonces hay que buscar el origen de nuestros males.

—Y eliminarlo.

—¿Cómo haremos, si el origen de nuestros males está en nosotros, en nuestros dos malvados hijos? ¿Cómo los acabaremos, cómo aplacaremos el enojo de Tupana si para ello tenemos que seguir matando, tenemos que eliminarlos?

—Es verdad, tenemos que encontrar otra solución.

—Sea, pues: los expulsaremos de la tribu, repudiaremos a Turuna y a Manunjo, los malvados —concluyeron.

—Sea, pues, está decidido. Que el perverso Turuna y su cómplice, Manunjo, sean arrojados para siempre de nuestra tribu —sentenció el sabio Rajé.

Así fue como los dos perversos, simientes de maldad, los renegados, fueron desterrados lejos de allí, expulsados lejos, al sur, al otro lado del río Amazonas, Turuna, el más maligno, a Cajucuma, y Manunjo a Mayorún, para su escarmiento, su castigo.

Después de ejecutada la sentencia del destierro, volvió a reunirse el consejo a fin de determinar la forma de impedir tales atrocidades en el futuro, para poner freno a la codicia y al descontrol, guiado el consejo por la luz de la sabiduría de Rajé, el conductor, primer gran curaca, mi padre, mi piel, así llamado.

Reunidos en el cocamero, los consejeros de las tribus hicieron acuerdo, dictaron los códigos fundamentales, las reglas principales para la vida de los yaguas, para su preservación.

Fue decidido, que sobre todas las tribus, sobre todos los curacas gobernara un gran jefe, un gran curaca, el más justo, el más hábil, el mejor, quien debería guiar los destinos, los asuntos principales de toda la nación, convocando a consejo de curacas para las decisiones importantes; y fue decidido que en cada aldea, en cada tribu, gobernara un curaca local, cuya principalidad fuera también la de ser el más hábil, el más recto, generoso, siempre el mejor, asegurando la sucesión del poder en su hijo mayor, inculcándole tales virtudes, asegurando que si no tuviere hijos, le sucediere su yerno, el esposo de su hija mayor.

Fue establecido que al adquirir gran sabiduría, al aumentar su bondad por la experiencia en el gobierno de la tribu, el curaca abdicara ya en favor de su hijo o de su yerno y entrara al reino de la suprema sabiduría para convertirse en sacerdote, chamán, dimará, como se dice, el jefe espiritual de la tribu, verdaderamente la principal jefatura, por su poder de curar las enfermedades ocultas, para ser el protector, conjurador del poder maligno, único conocedor en la tribu de la fórmula secreta para fabricar el extraordinario veneno del curare, el poderoso veneno paralizador, porque el dominio de arma tan terrible, sólo puede estar en el conocimiento de una rectitud verdadera. De esa manera fue establecido que el hijo de curaca fuera curaca y que el curaca largamente experimentado fuera introducido en la suprema sabiduría por su padre el chamán, el sacerdote, el dimará, para ser a su vez chamán, dimará, dominador de los poderes, protector espiritual.

Así se dispuso todo sabiamente, se dispusieron los códigos, para el matrimonio, para la conservación de la raza, para la unidad de la lengua, del clan, para la evitación del mal, para la conservación del don de la inmortalidad, cuyo secreto era la perfección, el ejercicio de la bondad, la armonía, la abolición del mal.

Así fue dispuesto en aquel memorable acto, uno de los últimos del venerable Rajé, pues a poco de tales hechos fue su cuerpo víctima de un misterioso mal, se fue secando, debilitando. Apesadumbrados, alarmados, todos se preguntaban: ''¿Qué será?''. ''¿Qué terrible desgracia nos azota?, ¿qué castigo?''. Sin poder hacer nada, afligidos, vieron cómo el venerable Rajé, gran curaca, mi padre, mi piel, se moría, marchaba a la morada de los espíritus, aumosé. Y a su muerte siguieron otras, sin causa, contradiciendo el destino inmortal, llevando el desconcierto y el pavor.

Pues detrás de tal tragedia estaban Turuna y Manunjo, los perversos, simientes del mal, quienes no habían hecho escarmiento de su expulsión, sino que desafiaban el gran poder divino de Tupana, usando los terribles conocimientos que habían logrado en su larga y siniestra vida de maldad. No avergonzados, afligían de esa manera al pueblo yagua, ocasionándole graves pesares, atormentándolo, pues cada vez que sobrevenía una muerte toda la tribu abandonaba la aldea, le prendían fuego junto con el cuerpo inanimado, para evitar que aquellos demonios los siguieran diezmando; para descontrolarlos, marchaban entonces a otro lugar, donde no los encontraran. Destino tan triste era el castigo por haberse desviado de las enseñanzas.

Un día, los demonios acechaban, buscando yaguas en quienes descargar sus venganzas. Tropezando con un arroyo, dijeron:

—Esto es. Cerca de aquí debe haber una aldea. Alguien habrá de venir a buscar agua; esperémosle.

—Muy bien, esperémosle. Mejor le matamos de una vez.

Rato después apareció una joven, una mujer muy próxima a ser madre, pues su vientre era enorme, casi lustroso, redondo; venía sola y ellos escondidos en la espesura, vieron que ciertamente venía por agua. Esperaron sigilosos y cuando ella llegó a la orilla, le cayeron encima sorpresivamente, sin darle tiempo siquiera de gritar. Ahí mismo le dieron muerte y con ferocidad le abrieron el vientre, donde estaba su hijito que debería nacer muy pronto. Entonces Turuna le dijo a Manunjo:

—Esto es, ahora los prepararemos y nos los comeremos.

—¿Al niñito también? —preguntó Manunjo.

—También.

En ese momento oyeron el crujir de ramas cerca y, alarmados, cobardes como eran, se paralizaron de miedo, buscando con la mirada qué peligro habría por allí.

Entonces el pequeñito, el niñito aún sin nacer, se deslizó sigiloso de la placenta de su madre, su morada en el vientre materno, escurriéndose por el arroyo aguas abajo, escapando de los malvados.

—¡Ehhh! —exclamaron sorprendidos al no verlo, cuando quisieron apoderarse de él para huir antes de que llegaran aquellos cuya presencia habían advertido y que seguramente habían venido a averiguar el motivo de la tardanza de la joven, que ya era muerta; así que se internaron en la selva, temerosos de ser capturados y castigados por sus fechorías.

Al llegar los hombres de la aldea indagando por la joven, contemplaron horrorizados su cadáver y salieron en persecución de los malhechores, pero por más que los buscaron, palmo a palmo, en cada escondite, no hallaron rastro, por lo cual regresaron al lugar del crimen. Ya estaba allí más gente de la aldea.

—¿Qué hay? ¿Quién fue? —preguntaron atemorizadas algunas mujeres.

—Fueron ellos, los malditos, y escaparon —contestaron los que habían ido en su persecución, desalentados y furiosos.

Y unos niños que habían venido con sus madres y se habían dedicado a jugar en el agua, encontraron atascada entre una raíz, flotando, una cáscara de nuez abierta; al querer tomarla, vieron que dentro había un niño pequeñito.

Fascinados, llamaron la atención de sus mayores y les entregaron el hallazgo.

Maravillados, todos regresaron con él a la aldea, intrigados por un hecho tan sorprendente, vigilando y cuidando atentamente al pequeñito sobreviviente.

Pero he aquí que los días siguientes fueron de sorpresa mayor, pues toda la tribu asistió maravillada a la increíble rapidez con que crecía, de manera que en muy pocos días ya fue un joven adulto y fuerte.

Reunidos alrededor de su lecho, los principales de la tribu opinaban en el cocamero:

—Ciertamente es una maravilla.

—Ciertamente es.

—Mensajero de Tupana debe ser, para anunciarnos el camino, para redimirnos de nuestras faltas.

En eso detuvieron su hablar y sus ojos se fijaron en el joven que comenzaba a despertar; lentamente se incorporó. Ellos lo rodearon expectantes.

—¿Quién eres?

—¿Qué maravilla se ha operado en ti?

—¿Eres mensajero de Tupana y nos vienes a decir cómo lo contentaremos? —le dijeron.

—Verdaderamente yo sé cuál es el deseo de Tupana, para perdonar tantas faltas como se han cometido —les contestó.

—¿Qué es, pues?

—¿Qué quiere de nosotros?

—Quiere sacrificio; quiere que nos sometamos a la prueba del fuego, que nos purifiquemos en las llamas para recuperar nuestros dones, no ser más víctimas de Turuna, ni de Manunjo; para destruir especialmente a Turuna, quien en verdad es el más perverso de los dos, el mayor flagelante —respondió el joven, agregando: —así es, pues, preparemos fuego, una hoguera bien grande en el centro de la aldea, para nuestro sacrificio.

—¿Cómo? ¿Someternos a tal suplicio?

—¿Quién podrá resistir? —preguntaban asustados.

—Así es, asimismo lo quiere Tupana; yo quiero ser el primero.

Y él mismo se introdujo en la hoguera cuando fue grande, cuando quemaba con furor, llenando ya de calor la selva. Les hizo señas de que se introdujeran con él a la hoguera, pero nadie se arriesgó, por el pavor de ser quemados.

Toda la tribu veía sobrecogida cómo las llamas lo iban cubriendo, cómo su cuerpo se iba convirtiendo en una antorcha, una real bola de fuego que comenzó a elevarse, se fue elevando, se elevó, se elevó, hasta fijarse allá en lo muy alto, donde por fin se detuvo, dando luz, dando calor a la selva, convirtiéndose en Iiñi, el sol, conquistando en verdad la inmortalidad, por virtud de su heroico sacrificio.

Nadie más tuvo el coraje de someterse al sacrificio del fuego, sólo el héroe joven, Iiñi, el hecho sol. Perdieron la oportunidad, pues, de recobrar plenamente los dones, de aniquilar a Turuna y acabar de una vez con sus maleficios. Sin embargo, el corazón del gran Tupana se ablandó por el heroico sacrificio y decidió que la paz retornara a la selva, que parara la guerra con los enemigos, prometiendo que algún día Turuna moriría y que ya nada amenazaría a su pueblo.

Desde entonces, siempre se ha recordado aquel sacrificio de Iiñi, siempre se ha recordado aquella ocasión perdida; por eso teñimos de rojo nuestras pieles, nuestras ropas, en memoria. Así fue como, cuando en tiempo que escapa a la memoria, nos conocieron los quechuas, los llamados incas, venidos desde el confín de la selva, al otro lado de las grandes montañas, cuando quisieron dominarnos, adueñarse de la selva, y conocieron entonces nuestra bravura y fueron aniquilados sus ejércitos por todas las lanzas, las cerbatanas, las flechas de la selva. Así nos llamaban yaguas, los rojos, en su lengua, por el color de nuestros cuerpos.

Esa es la historia, hijo mío, el origen de nuestro clan, el de los Jahuannos, los hijos, hombres del agua, llamados yaguas por nuestro tótem, Ja, el agua. Esa es, hijo —concluyó su relato Yuané, cuando estaba a punto de amanecer.

—Así, pues, ¿no hubo más guerra? —preguntó Asento a su padre, deseando saber aún más.

—Así fue. Desde entonces hemos vivido en armonía, se hizo la paz con las tribus vecinas, se establecieron aldeas yaguas en esta parte de la selva, con sus curacas, pero sin dividirse el clan, sin fragmentarlo. Al este permanecieron los ticunas; los cotos emigraron del oeste y en su lugar se establecieron los orejones y los cocamas; los omaguas, que estaban al sur, desaparecieron, se extinguieron y en su lugar se establecieron los mayorunas y al norte quedaron finalmente huitotos y boras, los antiguos enemigos, los caníbales, con quienes es necesario ser sagaces y prudentes, por su ferocidad.

—Verdaderamente es grande nuestra historia, padre. verdaderamente quiero aprender más, para ser digno curaca de mi pueblo —dijo Asento, con emoción reflejada en sus ojos.

Ocho días duró la celebración, el rito.

A partir de entonces, Asento se manifestó deseoso de saber, de aprender a ser el mejor, el más hábil, así como debería serlo cuando le correspondiera ser curaca y más tarde dimará, chamán de su tribu.

Tiempo después, cuando cumplió quince años, se decidió la celebración del matrimonio de Petita y fue introducida en sus principales deberes; su madre le enseñó el código, el conjunto de nuevas enseñanzas que debería también observar a lo largo de su vida.

Primeramente supo que para conservar el clan, para conservar la lengua y la raza, los dones, sólo debería casarse con yagua, sólo con un hombre de su nación, como se hacía desde antiguo; su matrimonio sería con un joven de otra aldea, para mantener los vínculos, para estrechar la alianza. Le fue inculcado el deber de todo miembro del clan, de casarse joven para perpetuar la raza; que la mujer debía mantenerse casta, virgen; y ser casta, dormir sola durante la menstruación y no comer más que plátano, no trabajar esos días. También el joven que iba a ser su esposo fue instruido, sólo fue autorizado a casarse cuando demostró cabalmente que podría mantener a su mujer y a su descendencia, cuando tuvo su chagra, su cultivo; le fue explicado que si su chagra fuera suficientemente grande, podría tomar segunda esposa, buscando que fuera hermana de la primera para no romper la armonía, para que no quedaran en desamparo si sobre ellas recaía el triste designio de la viudez; y que con cada una de ellas debería dormir igual número de veces, tener igual número de hijos. Le fue enseñado que era ley que al casarse el hombre debía ir a trabajar a la aldea de su esposa, en la chagra de los padres de ella, para después regresar juntos definitivamente a la aldea del hombre, ley de la cual sólo los curacas estaban libres, desobligados. Que era tabú, prohibitivo, acercarse, dormir con su mujer después del parto durante diez meses, pues tan grave era el tabú, la prohibición, que de lo contrario sería como si padre e hijo durmieran con ella, pues hasta ese tiempo serían uno mismo; sólo después de los diez meses tomaría realmente espíritu propio su hijo, no antes; por eso debería el padre cuidarse tanto durante esos diez meses, no trabajar todo ese tiempo, cuidarse para que su hijo no se enfermara también, pues eran uno solo. De ahí la ley, el mandato, de que el día del parto nadie comiera carne de animales en los que se hubieran podido anidar espíritus que luego pudieran venir a hacer daño al recién nacido, animales como la piraña, el mono blanco, el tigre, no tocarlos ese día, comiendo en cambio la carne de los animales sabidamente buenos, como la pava, la perdiz, la cocaconga, el sahíno, el choro y la danta, tabú de cuya obediencia dependía el bienestar del pueblo.

Finalmente les fue enseñado por qué no debía un yagua casarse con extranjeros, ni con boras, ni huitotos, ni ocainas, para no perder los derechos del clan, para no ser expulsados de la tribu.

Una experiencia ocurrida a Petita muy poco antes de su matrimonio ensombreció su corazón y le hizo ver el duro porvenir de las desdichadas viudas solitarias. Sucedió cuando a su aldea, a Teré-Oré, llegó una mujer llamada Sairango, acompañada de dos pequeños hijos; nadie la acogió, nadie le obsequió nada, ni albergue, ni comida para ella o sus hijos. Petita observó adolorida el despiadado destino de esta mujer cuya desgracia era errar, sin lograr compasión para su infortunio, abandonada por todos al castigo de su viudez, sin duda decidida como pena a alguna culpa.

Ciertamente la infeliz Sairango no era viuda sino enviudada, pues habiendo sido infiel, ha-

biéndose enfurecido su esposo, el consejo de la aldea sentenció un duelo entre los dos hombres, el ofendido y el ofensor, determinando también que tal duelo debería ser sin sangre ni muerte, para no provocar nuevamente el castigo de Tupana, como había sucedido antaño. Así fue como los dos hombres se trenzaron en feroz lucha combatiendo con ardor, rodando sus cuerpos, derribándose con ahínco hasta extenuarse sus fuerzas, hasta apagar la furia del hombre burlado, cuando el burlador le requirió perdón devolviéndole su honor. Después de ser proclamado vencedor del duelo, el ofendido esposo repudió públicamente a Sairango y el consejo decidió entonces repartir los hijos comunes, los mayores a cargo de su padre, para que trabajaran con él, y los menores a cargo de su madre. Desde entonces la vida de la desgraciada Sairango fue la infamia, la miseria, ahora aumentada por el dolor de su más pequeño hijo, enfermo por un flagelo desconocido.

La desventurada Sairango veía languidecer la vida de su hijito, tremendamente descorazonada. Sólo Ramajeta, chamán de Teré-Oré, padre del curaca Yuané, se apiadó de su dolor y se dispuso, se preparó a atacar el mal que afligía al niñito, que no era otro sino que no lograba dormir, se quejaba y cuando al fin dormía, despertaba de inmediato, gritando, presa de horribles pesadillas.

En todos los preparativos, Ramajeta, el sabio chamán, estuvo acompañado del joven Asento, su nieto y futuro curaca de Teré-Oré, sucesor de su padre Yuané; solícito, deseoso de aprender, Asento lo ayudaba en cuanto su abuelo le ordenaba.

La desventurada Sairango tenía a su hijito en el regazo, mientras Ramajeta, el chamán, fumaba un gran tabaco cuyo humo soplaba sobre la cabecita del niño, a tiempo que formulaba las palabras mágicas con que habría de conjurar el mal para hacerlo salir de allí y capturarlo.

—En verdad es terrible el mal causado a tu hijito, infame el que asustó al niño, pues un susto causado es la razón de tales pesadillas y el infame será castigado, ya verás —dijo Ramajeta.

Siguió, pues, recitando, conjurando el mal hasta que logró al fin capturarlo. Con él en su poder, sacó un dardo mágico, Duhue, en cuya punta lo engarzó y lanzándolo con su cerbatana, su pucuna, de un poderoso soplo hacia el lejano lugar donde él sabía perfectamente que se hallaba el malvado que lo había causado, exclamó:

—¡Queno! —con lo que el hechizo quedó derrotado.

Por toda su vida, aun mucho después de su matrimonio, Petita recordaba aquel hecho y recordaba también a Asento, su deseo de prepararse.

Pero después, Asento había desaparecido de la aldea y nadie supo más de su vida, de su paradero.

...De regreso del recuerdo, Petita sintió las señales últimas del parto y se dispuso a recibir ella misma a su hijo, a parir sola, como todas las mujeres de su tribu. El naciente fue asomando, salió de su vientre; amorosamente se incorporó de su lecho de hojas, lo tomó en sus manos y con infinito cuidado lo lavó en el arroyo; entonces salió con él de la espesura, se presentó con él ante la aldea; vino entonces el abuelo del naciente, quien lo tomó en sus brazos, ofreció a su pueblo un nuevo descendiente, un continuador de la casta inmortal de los yaguas, dejándose oír enseguida por los aires las voces de alabanza con que el recién llegado era acogido.

En el río, donde los hombres retornaban al agua, su tótem, su sagrado tabú, esta vez tabú de obligación, Yuané miró otra vez a su hijito dedicado a chapotear en el agua con los demás niños y en los ojos del pequeño supo una verdad.

Su propia mente se oscureció de pesadumbre; pensó en su hijo Asento que una vez había desaparecido de la aldea; nadie había vuelto a saber de él, menos Yuané, quien sabía la verdad: se había marchado en un barco del río Amazonas, para convertirse en peón de marinero. Pensó también con amargura en otros de sus hermanos yaguas, pues hasta sus oídos había llegado la desgracia de aquellos que fueron sometidos por un rufián malhechor venido del norte; salteador de los terruños, ángel exterminador de la selva; por él fueron avasallados y expuestos a la curiosidad de extraños en el puerto de Leticia, en Colombia, fuera de su tierra original.

Entonces Yuané supo que también para los yaguas comenzaba el exterminio; que los inmortales, los hijos del agua, sucesores de Rajé, ya no serían más.

Supo que era el fin del último pueblo libre de la selva.